Matthias Matussek

Geliebte zwischen Strand und Dschungel

Hitzeschübe aus Rio de Janeiro

Matthias Matussek

Geliebte zwischen Strand und Dschungel

Hitzeschübe aus Rio de Janeiro

Picus Lesereisen

Picus Verlag Wien

Grafische Gestaltung: Dorothea Löcker, Wien
Umschlagabbildung: © Corbis
Druck und Verarbeitung:
Druckerei Remaprint, Wien
ISBN 3-85452-792-6

Informationen über das aktuelle Programm
des Picus Verlags und Veranstaltungen unter
www.picus.at

Inhalt

Das rosa Haus im Dschungel
Ankunft in Rio de Janeiro 9

Samba mit ET
Tanz als Lebensweise 19

Die deutschen Girls von Ipanema
Ipanema – Mythos und Wahrheit 24

Das brasilianische »churrasco«
Fleisch im Himmel 45

Das Maracaná-Stadion
Tor zum Himmel, Maul zur Hölle 51

Ich und Paulo Coelho
Begegnung mit einem Unsterblichen 61

Die sicherste Stadt der Welt
Wie ein Sprachlehrer einen Beamtenfeiertag erfand 70

Cops und Gangster
Tödliches Finale 80

Carlitos Dusche
Karneval am Strand 100

Der Genuss der Sünde
Rios Vila Mimosa wählt die Hure der Huren 105

Der Schatz im Silbersee
Gaunerei zum Lichterglanz 122

Casa de Festa
Ein Haus zum Feiern 127

Das rosa Haus im Dschungel

Ankunft in Rio de Janeiro

Auf Neulinge schlägt Rio de Janeiro ein wie mit einer goldenen Keule – so zumindest haben wir es empfunden, als wir zum ersten Mal die Stadtautobahn ins Zentrum nahmen. Diese schönste Stadt der Welt schlägt auf dich ein mit allem, was sie hat: mit Glanz und Elend und Hitze, mit Blicken auf Wälder und Strände und das funkelnde Meer mit den vorgelagerten Inseln, mit mondänen Art-déco-Fassaden und erbärmlichen Bretterbuden, mit gleißendem Licht und halbnackten Körpern, Autoabgasen und Meergeruch, mit einer dröhnenden Sinfonie, der nicht zu entkommen ist.

Es ist eine Stadt, die an den Stränden entlang gewuchert ist. Vom Flughafen Tom Jobim aus folgen die Hauptverkehrsadern dem Küstenbogen die Guanabara-Bucht entlang, die die portugiesischen Entdecker einst für eine Flussmündung hielten, weshalb sie ihre Ansiedlung dort Rio de Janeiro nannten, Januar-Fluss.

Vorbei geht es an Gloria mit seinen Bürgerhäusern und dem Yachthafen, an den Stränden von Flamengo und Botafogo, schließlich der überwältigende Copacabana und Ipanema, diesen Sandbänken, die gleichzeitig kleine Fluchten und große Welt sind, Erotik und Spiel und goldener Flimmer.

Bevor die Küstenstraße die endlosen Strände der Barra erreicht mit ihren türkisfarben verschalten Hochhausburgen und Shoppingmalls, bevor also die schönste Stadt der Welt zu Miami degeneriert, zweigt eine kleine Straße ab in die Berge wie ein letzter, angewiderter Fluchtweg.

Und plötzlich: Stille. Eine Pastorale wie auf dem Land. Eine andere Welt. Dieses andere Rio ist weniger bekannt als das der Strände. Es ist dadurch nicht weniger überwältigend.

Sie schlägt sich buchstäblich in die Büsche, die Estrada das Canoas. In gemächlichen, schattigen Serpentinen schlängelt sie sich bergan, hinauf in den wuchernden Dschungel des Parque de Tijuca, des größten städtischen Naturschutzgebiets der Welt.

Vor rund hundertfünfzig Jahren hatten die Besitzer der Kaffeeplantagen den Mata Atlantica, den Küstenurwald, fast abgeholzt. Es war König Dom II., der ihn wieder aufforsten ließ. Ihm genügten sechs Gärtner, den Rest besorgten das Klima und ein Boden, der aus jedem Samenkorn einen Regenwaldriesen zauberte.

Heute sind die Küstenberge wieder eingenommen von diesem Dschungel aus Jacca-Bäumen, Pinheiros, Fici, Flamboyant, Bambussen, Farnen, Orchideen, Affenbrotbäumen – ein grünes Fell, aus dem die nackten Felskegel im Hinterland ragen wie Mönchsglatzen.

Die Estrada das Canoas ist spärlich befahren: Vorwiegend sind es die Jeeps der Ökotour-Unternehmen, die die Serpentinen hinauf zum Parque de Tijuca nehmen, und die VWs der Drachenflieger mit ihren Lasten auf den Gepäckträgern – oben, am Gavea-Felsen, gibt es eine Absprungstelle.

Man nennt den Bezirk, in dem die Straße endet, mit vollem Recht Alto da Boa Vista, die Anhöhe der schöne Aussicht. Dort oben gibt es ein rosafarbenes Haus mit weißen Säulen, und dort waren wir vier Jahre lang zu Hause. Man könnte es so sagen: Die Estrada das Canoas verbindet das 21. mit dem 18. Jahrhundert. Wir wohnten im 18. Jahrhundert.

Die Estrada das Canoas erzählt geradezu bilderbuchhaft von den historischen Wachstumsschüben der Stadt. Sie beginnt in der Gegenwart, unten, hinter der Strandstraße, mit einer kleinen *favela*, wie die Slums hier heißen. Sie war entstanden, als die Caddies des angrenzenden mondänen Golfclubs von Gavea dort ihre Bretterbuden aufstellten.

Diese *favelinha* geriet vor einigen Jahren in eines der Förderprogramme der EU, und man konnte zusehen, wie sie Schminke anlegte. Sie bekam eine Kanalisation. Kindergärten wurden gebaut, Fassaden verschönert. Eine Wochenenddisco wurde eröffnet und gleich von zwei neuen evangelikalen Kirchbauten in die Mitte genommen, die sich nun mit Megafonen um die Seelen der Jugendlichen streiten, aber regelmäßig den Kürzeren ziehen gegen »Baile Funk«, diese drastische brasilianische Hip-Hop-Version.

Wie in anderen *favelas* gibt es hier Drogen und Waffen und nichts, was es nicht gibt: Ein paar Reportern ist es sogar gelungen, einen veritablen Granatwerfer zu organisieren, für ganze zweihundert Euro.

Hier unten also ist die Estrada das Canoas Neuzeit, mit allem Elend und aller Weltverbesserei, die sich nur denken lassen in dieser Achtmillionenmetropole.

Nach einigen Biegungen, schon im tiefen Grün, fährt man in die fünfziger Jahre zurück: Man passiert das Haus, das sich Brasiliens größter Architekt, Oscar Niemeyer, dort vor fünf Jahrzehnten in den Hang baute und das man noch heute besuchen kann, ein schwebendes nierenförmiges Dach auf Glas über einem Felsbrocken, der zu seiner größeren Hälfte ins Haus hineinragt und diesem lichten Bungalow mit seinen weiblichen Rundungen eine Art Anker gibt, um ihn daran zu hindern, hinaus ins Tal zu fliegen.

Oben dann der Sommerpalast des Bürgermeisters, die Villen der Richter und Schönheitschirurgen und Regierungsassessoren hinter hohen Mauern, und der Eingang zu einem der schönsten Parks der Welt.

Hier oben also sieht Rio aus wie ein Aquarell aus dem 18. Jahrhundert, mit *mulattos* vor den schmiedeeisernen Toren, die mit Reisigbündeln den rosafarbenen Blütenregen der Ipe-Bäume aus den Einfahrten kehren.

Wir hatten diese Straße aus einer Laune heraus genommen. Nachdem uns der Makler einige unbezahlbare Apartmentwohnungen in Flamengo und Ipanema gezeigt hatte, erinnerte er sich an dieses leer stehende rosa Haus, das lange keinen Mieter gefunden hatte. Wir verließen also den städtischen Dschungel und fuhren in den grünen.

Eine Villa, die in der Toskana hätte stehen können mit ihren roten Dachschindeln, wie aus einer Shakespeare-Verfilmung von Kenneth Brannagh. Sie wurde von von einem wuchtigen, ausladenden Jacca-Baum überragt. Eine Freitreppe zur Vorderseite hinauf und dahinter ein ansteigender Garten aus Findlingen und Fischteichen und Bäumen, die aus allen tropischen Zonen der Welt hier versammelt waren.

Das Haus war von einem englischen Ehepaar in den vierziger Jahren erbaut worden, das die Welt bereist hatte und hier zur Ruhe fand. Sie hatten ihr Traumhaus gebaut. Die Fundamente der weißen Säulen waren mit blauen Azulejos aus Portugal eingekleidet. Der Garten war von ihnen selbst angelegt worden und aus jedem Raum gab es Blickachsen hinunter ins blau schimmernde Tal oder in die üppig grüne Wand des Gartens, die Bambushaine, die Palmen, die schwer duftenden Ginsterkaskaden, an denen sich Kolibris satt saugten.

Es war ein Haus, das aus Liebe gebaut worden war. Bevor das Paar starb, ließ es verfügen, dass die Asche seiner sterblichen Überreste im Garten verstreut werden sollte.

Ein Haus wie eine Umarmung, der sich kaum jemand entziehen konnte. Die Feste, die hier gefeiert wurden, waren endlos – keiner wollte sich gerne trennen, keiner aus der Umarmung dieses Hauses lösen.

Hier hat der legendäre Pianist Joao Carlos Martins einer Horde von Kindern Beethovens Neunte erklärt. Hier hat die imposante Diplomatin Dona do Carmo einem deutschen Exterroristen auseinander gelegt, warum sie zum ersten Mal links wählen würde. Hier haben der Dichter Romano Sant'Anna und der emigrierte deutsch-jüdische Juwelier Hans Stern über Wahlheimaten diskutiert. Ab und zu kam die Nachbarin herüber, die Tochter des großen Vinicius Moraes, die mit Chanson-Göttin Adriana Calvacotti zusammenlebte.

Alle sind auf die eine oder andere Art in diesem Buch vertreten.

Hier, in diesem Haus, haben sich oft genug die Kollegen von *Newsweek*, von der *New York Times*, dem *Guardian* oder dem *Stern* dem Cachaça-Genuss ergeben. Es war eigentlich immer Remmidemmi. Warum nur stand das Haus so lange leer, und warum war es so erschwinglich?

Die Frage beantwortete sich von alleine, kurz nachdem wir eingezogen waren, mit dem ersten Sturm: Das Haus hatte nicht nur die Schönheit einer betagten Villa, sondern auch deren technischen Standard. Anders als die Nachbarvillen verfügte es nicht über einen eigenen Notstromaggregator, weshalb es besonders während der

Regenzeit oft im Dunkeln lag, weil Äste auf die Leitungen fielen und sie von den Masten rissen.

Doch es gab noch einen zweiten Grund. Auch der enthüllte sich bald. Es ging mir zunächst nur darum, vernünftige Telefonanschlüsse legen zu lassen. Unverzüglich.

Für »unverzüglich« gibt es in Brasilien zwei Möglichkeiten. Entweder man geht den sehr offiziellen Weg über die zuständige Telefongesellschaft, erhält das Versprechen, dass das Problem »unverzüglich« gelöst wird, und wartet.

Oder man kennt jemanden, der jemanden kennt, der das Problem unverzüglich löst, und dann kann es schnell gehen. Ich wählte den zweiten Weg. Und tatsächlich kam, nachdem verschiedene beglaubigte Übersetzungen und Papiere und Geld die Hände gewechselt hatten, bald Bewegung in die Angelegenheit.

Schließlich erzählten uns amerikanische Freunde, die gerade bei uns zu Besuch waren und von einem Tagesausflug auf den Zuckerhut zurückkehrten, dass sie soeben ein Auto der Telefongesellschaft auf halber Höhe in der Estrada das Canoas gesichtet hätten. Merkwürdig sei nur gewesen, so mein Freund Don weiter, dass die Techniker über der Motorhaube lagen, während ihnen die Polizei Handschellen anlegte.

Am nächsten Tag erfuhr ich von meiner Kontaktperson, was passiert war: Tatsächlich sei ein Auto der Telefongesellschaft auf dem Weg zu uns gewesen. Allerdings sei es von zwei Banditen überfallen worden, die die Techniker angeschossen und deren Uniformen angezogen hätten und nun auf dem Weg hinauf nach Alto da Boa Vista gewesen wären. Und ganz oben auf dem Clipboard stand unsere Adresse.

Natürlich hätten wir, wenn sich die lang ersehnten Serviceleute gezeigt hätten, Tür und Tor geöffnet, Teppiche ausgerollt, Geigenkonzerte erklingen lassen. Und wären wahrscheinlich, wenn es gut gegangen wäre, nur geknebelt und gefesselt worden, während das Haus ausgeräumt worden wäre.

Es war einer der beiden angeschossenen Telefonmänner, der die Polizei verständigt hatte. Und die hatte, da es sich in Alto um eine prominente Gegend handelt, tatsächlich unverzüglich Großalarm ausgelöst und die Gangster geschnappt.

Das also war der zweite Grund, weshalb das Haus so preisgünstig zu haben war: die prekäre Sicherheitslage der gesamten Gegend.

In den Jahren, in denen wir dort oben wohnten, kam es zu mehreren schweren Überfällen. Da die Estrada das Canoas eng und abgeschieden in die Berge führt, ist sie leicht zu blockieren. Mein Freund Edson, selbst Journalist, wurde mit seinem achtjährigen Sohn so abgefangen: Wagen quergestellt, beide aus dem Auto gezerrt, Gesicht auf dem Asphalt, Knarre im Nacken, und dann her mit den Wertsachen. Drei weiteren Nachbarn passierte das Gleiche.

Allerdings ist der Mensch ein vergessliches Wesen, besonders in Rio, und da wir den ersten

Beinahe-Überfall schnell hinter uns gebracht hatten, bestand, rein statistisch, eine relativ hohe Überlebenschance.

Und wie wir überlebten!

Die paar Schlangen, die es bis ins Schilf der Fischteiche hinter der Veranda geschafft hatten, zog Mauro, der muskelbepackte Sicherheitsdienstler, mithilfe seiner zwei Rottweiler aus dem Verkehr. Seine Frau Cassia, die Köchin, behauptete, man könne sie essen. Aber sie sah davon ab, sie in ihre *fejoada,* die traditionelle schwarze Bohnensuppe, zu verrühren.

Cassia versorgte meine Frau mit Klatsch und Tratsch über das verschlungene Liebesleben der Nachbarschaft. Neben dem Fußball ist die Liebe ohnehin das einzige Thema, das ernst genommen wird in Rio.

Natürlich gibt es keine Entschuldigung für einen Journalisten, im 18. Jahrhundert zu leben und seine Arbeit in der luxuriösen Stille des Waldes verrichten, die nur von Vogelstimmen unterbrochen wird.

Zu meiner Verteidigung kann ich nur anbringen, dass auch wir gelitten haben: unter dem Frosch nämlich, der in den Fischteichen hinter dem Haus wohnte und den wir in langen durchquakten Tropennächten Presslufthammer-Willi tauften, weil sein Quaken eher ein energisches Schnalzklopfen war, Ausdruck purster sexueller Not selbstverständlich, eine Brunftpein in höchsten Tönen, metallen, methodisch, pausenlos.

Womit wir schon wieder bei den Tragödien der Liebe wären.

Das rosa Haus im Dschungel war also so abgelegen und so mittendrin, wie man nur sein kann in Rio.

Samba mit ET

Tanz als Lebensweise

Ich lernte ihn gleich nach meiner Ankunft kennen, diesen milden älteren Herren mit Stirnglatze, der ein ehemaliger Terrorist war. Rio wimmelt vor netten Leuten mit gefährlicher Vergangenheit. Wir freundeten uns schnell an. Er behauptete, er würde sagenhaft gut tanzen, auch wenn er gleichzeitig zugeben musste, dass auf den Partys in Kreuzberg, wo er vorher gelebt hatte, eher weniger getanzt wurde, und wenn, dann Berliner Freistil: torkeln gegen den Takt.

Da er seinen Namen nicht gedruckt sehen möchte und ich keine Lust habe, mich mit einem Terroristen anzulegen, auch wenn er noch so ehemalig ist, nennen wir ihn bei dem für Exterroristen gebräuchlichen Kürzel ET.

ET hat zwanzig Jahre für diesen dummen Anschlag auf die Botschaft in Stockholm abgesessen, die meisten davon in Isolationshaft, gegen die er mehrere Male fast bis zum Tode hungerstreikte. Er ist ein freundlicher, lebensbejahender Mensch. Sein Anstaltsleiter, ein Ex-Juso, lobte den positiven Charakter seiner Aquarelle. Nach seiner Freilassung hatte er sich Kreuzberg angetan, bis er, vor einem halben Jahr, wieder den Planeten wechselte und in Rio auftauchte.

Er wolle, sagte er, nie wieder fort aus Rio. In Berlin, sagte er, wachst du auf, und es gibt für alles eine Lösung und die Phantasie ist tot. Hier gibt es keine Lösungen. »Aber du bist wacher.« Ich war zwar erst seit vier Wochen in Rio, aber es klang ziemlich plausibel. Im Übrigen, fügte ich im Stillen hinzu, ist das Wetter besser und die Frauen sind noch stolz auf ihre Hintern.

Kurz: Wir hatten Gründe, zu feiern. Bye-bye Berlin, *bem vindo Rio*, tanz den Samba!

Da ET die bürgerliche Presse ablehnt und ich den Terrorismus, hatten wir Ausnahmeregelungen getroffen: Er gehört zu den vernünftigen Terroristen und ich zu den Okay-Journalisten. Meine Frau mochte ihn. Und da er ihr versprochen hatte, keine Geiseln mehr zu nehmen und nicht auf den Teppich zu krümeln, verpflichteten wir ihn später sogar als Weihnachtsmann in unserer Villa Rosa im Dschungel. Kutte und Bart bei vierzig Grad. Er besorgte den Job mit allerhöchster Kaltblütigkeit. Schließlich war er Camouflagen gewöhnt.

Zunächst aber imponierte mir an ihm, dass er tanzen konnte. Ich konnte es nämlich nicht.

Tatsächlich gefriert mir das Blut in den Adern, wenn ich eine Tanzfläche betrete. Da man sich Rio als eine einzige große Tanzfläche vorstellen muss – auf der gelegentlich Schüsse fallen –, hätte es sicher geeignetere Korrespondentenposten für mich gegeben. Teheran etwa, oder Minsk. Aber wer sagt, dass das Leben immer nur Spaß machen soll …

Es war Freitag gegen Mitternacht, und wir zogen los zur Quadra Mangueira, einem Tanzpalast am Fuß der gleichnamigen *favela*, in dem die Sambaschulen ihre Aufzüge und Schrittfolgen für den Karneval üben.

ET hatte sich schon in Berlin mit dem »Zusammenhang zwischen Geist und Körper« beschäftigt, hatte also, was die theoretische Grundlagenforschung angeht (»Foucault und so«), sambamäßig erheblich mehr drauf als ich. Theoretisch.

Das ist der Unterschied zwischen Terroristen aus Rio und denen aus Berlin: Als der brasilianische Botschafter-Kidnapper Fernando Gabera aus Knast und Exil zurückkehrte, führte er am Strand von Ipanema den Stringtanga für Männer ein, und zwar pronto. Ein Berliner Terrorist dagegen liest erst mal Foucault.

»Wir haben den Fehler gemacht, alles vom Kopf her zu definieren«, sagte ET, während der Taxifahrer durch Gegenden pflügte, in denen man an roten Ampeln tunlichst das Gaspedal durchdrückt. »Schon klar«, sagte ich. Aber was ist schon die Erstürmung einer Botschaft gegen die einer Tanzfläche?! Immerhin: Er hatte Foucault gelesen und ich nicht.

Meine Frau saß neben mir, hielt meine Hand, und beruhigte mich: »Das geht ganz einfach – Schritt, tipptipp und immer mit dem Po wackeln.«

Vor der Quadra, unter einer Autobahnbrücke, hingen Trauben von halbnackten Teenagern mit grellen Neontops um Guarajana-Buden herum, ein zehnjähriger Junge bot mir Kaugummis an sowie seine Schwester, und während die *samba-batterias* aus dem Gebäude wummerten, sagte ich, um ET in ein letztes aufschiebendes Gespräch zu verwickeln: »Aber der Analphabetismus! Und die Kinderarbeit!« Meine Frau durchschaute den Trick und zog mich zum Eingang.

Auf der Treppe zum Saal stand eine Christusfigur mit ausgebreiteten Armen und blutendem Herzen. An die Hallenwand war der Spruch gepinselt: »Du kannst gerne meine Fehler kritisieren, aber vergiss nicht, meine Tugenden zu loben.« »Eben«, murmelte ich.

Und dann das Wunder, wie es sich nur in dieser wundervollsten aller magischen Tropenmetropolen ereignen kann: Der Tanzsaal war leer. Verwaist bis auf einen Soundtechniker, der die Regler hochdrehte. ET brüllte ihm ein paar Worte zu, er brüllte zurück und ET schüttelte den Kopf. »Nur sonntags und donnerstags«, meldete er mit dem Gleichmut eines Mannes, der sich an gescheiterte Aktionen gewöhnt hat. Ich gab mich bestürzt. »Schade«, sagte ich, »So 'n Pech, nur um einen Tag verpasst!«

Wir standen am Rand der leeren Tanzfläche herum, ET wippte mit dem Fuß, ich wippte mit, als hätten wir beide Mühe, unsere Körper daran zu hindern loszustürmen, aber selbst meiner Frau war klar, dass sich nur Schwerbetrunkene auf eine leere Tanzfläche wagen würden.

Anschließend begossen wir unsere gelungene Rio-Ankunft in einer Straßenbar, bedauerten unsere sambalosen Freunde in Berlin und stießen auf den Zusammenhang von Geist und Körper an, bis ET, nun kaum mehr verständlich, murmelte: »Nach Hause.«

Die deutschen Girls von Ipanema

Ipanema – Mythos und Wahrheit

Eine Revolution? Hier bestimmt nicht! Nicht in einer Stadt, in der du ständig am Strand vorbeikommst, egal, wohin du willst, ob ins Büro oder auf die Barrikaden.

Die Welt ist schlecht, klar, aber das Meer funkelt, die Inseln vor der Bucht sind violette Blumen und in Ipanema liegen schon morgens mehr schöne Mädchen als in Miami, St. Tropez und Sylt zusammen. Der Verrat an der revolutionären Sache, wusste schon Heiner Müller in seinem Stück »Der Auftrag«, beginnt mit dem Anblick einer schönen Landschaft.

Der Strand ist unernst und von vornherein demokratisch. Wo man sich mittags die Hosen auszieht, hat der Klassenkampf verloren. Dabei wäre er nirgends logischer als hier! Auf der Liste der sozial ungerechtesten Länder rangiert Brasilien (hinter Guatemala) an der Spitze, und Rio mit seinem obszönen Nebeneinander von Herrenpalast und Armenhütte ist das Schaufenster dieser Schweinerei.

Doch der Aufruhr beschränkt sich auf den Raubüberfall durch kriminelle Kids. Du hast dir angewöhnt, ihn als inoffizielle Form von Sozialhilfe zu dulden – sie holen sich die Kohle einfach bei dir persönlich ab. Wenn es so weit ist:

ruhig bleiben, die fünfzig Real aus der Tasche ziehen, fertig. Deine Ohnmacht, deine Wut darüber verarbeitest du mit einem Blick auf die Gesamtlage. Was ist so ein Gelegenheits-Hold-up schon gegen die organisierte Plünderei durch die Politiker des Landes? Du nimmst es hin, und am Strand hast du deine Ruhe.

Keine Klassen hier, nur noch Lifestyle-Stämme und ihre Reviere, die von den Türmen der Rettungsschwimmer markiert sind. Die brasilianischen Hip-Hopper an Strandposten 7, die Schwulen bei Posto 8, die Intellektuellen an Posto 9, die Mütter aus Leblon an Posto 10. Wer jemanden nicht mag, sagt in dieser Stadt: »Der ist nicht von meinem Strand.« Ein Aufruf zu den Waffen ist das nicht.

Sicher, der Strand hat eine andere Form von Kapitalbildung. Die Geldsäcke sind die Jungen und Schönen, doch sie verlieren ihren Reichtum nicht durch einen Aufstand der Hässlichen, sondern durch die zielsichere schleichende Enteignung der Zeit. Kein revolutionäres Programm – noch jede Jugendrevolte ist auf diese Weise erledigt worden.

Wir hatten den Dichter Affonso Romano de Sant'Anna und seine Frau Marina, die Lektorin, zu Gast. Wir redeten, wovon alle in jenem Sommer redeten (der in Rio um Weihnachten herum beginnt): Wir redeten von Ruy Castros Nostalgiebuch über Ipanema und die revolutionären sechziger Jahre.

Nicht vom kaltschnäuzigen Revolutionsgehabe der Betonköpfe mit linkem Vokabular, Todesverachtung fürs Volk und Liebe zur Satzung, sondern von der Explosion im Gewebe einer Gesellschaft, einem tieferen Aufruhr, der alles durchwühlt – am nächsten Tag wachst du auf und alles ist anders: die Nachrichten, die Mode, das Lachen, die Liebe, die Musik, die vor allem.

Ruy Castros »Sie ist eine Carioca«, wie die Einwohner Rios genannt werden, ein Sampler über die Ipanema-Aktivisten und Schauplätze. Affonso und Marina werden auf jeder dritten Seite erwähnt.

Marina lachte darüber. Affonso war sarkastisch. Da die Zukunft nur Gott gehört und die Gegenwart lausig ist, meinte Affonso, halten sich die Intellektuellen des Landes in der Vergangenheit auf. »Ist euch eigentlich bewusst, dass wir über Vorgänge aus dem vorigen Jahrhundert reden?«

Affonso ist ein jesuitischer Typ, der wunderbare, dunkle Gedichte schreibt, die in kleinen Auflagen erscheinen, sowie hellwache Kolumnen, die die Leserschaft des *Globo*, einer der größten Tageszeitungen des Landes, jeden Mittwoch mit einer beträchtlichen Tagesration an Grips versorgt. Seine letzte hatte er über Ipanema geschrieben. Sie trug den Titel: »Eine schöne Zukunft liegt hinter uns«.

Ipanema ist der Gründungsmythos des modernen Brasilien. Davor gab es nur Carmen Mirandas Bananenhüte und eine frankophile Bourgeoisie – Rancher und Gummibarone mit Geld und Minderwertigkeitskomplexen. Ipanema und seine verdächtige Boheme aus Schriftstellern, Sängern, Regisseuren war die kosmopolitische Öffnung, der kulturelle Ausnahmezustand, der heute die Regel ist.

Was Ipanema von allen anderen Jugendrevolten auf der Welt unterschieden haben muss, wurde mir an diesem Abend auch klar: Affonso und Miranda erinnerten sich nicht an Programme, sondern an Feste, Liebschaften, Gedichte. Dabei hat die Ipanema-Revolte stets wesentlich mehr riskiert als etwa die deutsche – sie fand weitgehend unter den Bedingungen der Diktatur statt. Doch ihre Hymne war kein vertonter Sprechchor, sondern ein Liebeslied: »Das Girl von Ipanema«.

Ipanema also – das Gegenteil von deutsch? Überraschenderweise nicht. Ipanema war sogar deutsch bis ins Mark.

Einige Wochen zuvor hatte ich Ruy Castro getroffen, der mit Büchern über den Bossa Nova und das Fußballidol Garrincha bereits als brillanter Chronist brasilianischer Trivialmythen ausgewiesen ist. Zwei Jahre hatte er an seinem Ipanema-Buch gearbeitet, und er hat Erstaunliches zutage gefördert. »Ohne die Emigranten, besonders die deutsch-jüdischen Emigranten«, sagte er, »wäre Ipanema nie zu dem geworden, was es war.« Ipanema, in Castros Worten, war eine deutsche Landnahme.

Castro führte mich in die deutsche Topografie dieser fünf Querstraßen zwischen Strand und Lagune ein, die Märkte, Cafés und Kneipen, die Geschichte gemacht haben.

Der wichtigste Intellektuellentreff bis heute ist die Bar Lagoa. Einst hieß sie Bar Berlin. Kein leichter Start für die Besitzer in den dreißiger Jahren. Zunächst wurden sie von den brasilianischen Nazisympathisanten des Estado Novo als Juden beargwöhnt. Und als Präsident Vargas 1942 überraschend auf Seiten der Amerikaner gegen Hitler-Deutschland in den Krieg zog, galten sie als – deutsche Gegner.

Die Bar wurde geschlossen, änderte mehrmals ihren Namen. Doch noch heute sind die Wände in jenem Moosgrün gestrichen, das sie bei der Eröffnung trugen, die dickrandigen Art-déco-Kelche fürs Eis sind dieselben, und auf der Speisekarte findet sich, natürlich, Eisbein mit Sauerkraut, das der siebzigjährige Geschäftsführer ohne Akzent anpreist.

Eine deutsche Gründung war auch das Zeppelin, in dem sich die hornbebrillten brasilianischen Jungfilmer der sechziger Jahre zu jenem legendären Foto gruppierten, das Leonardo da Vincis Abendmahl nachäffte – unter ihnen Glauber Rocha, Fassbinders Idol.

Deutsch aber vor allem war Ira Etz, die erste und schönste aller Sirenen. Ihr Revier war der Arpoador, jener Felsen, der die bürgerliche Copacabana-Bucht vom wilden, nahezu unbesiedelten Ipanema-Strand trennte. »Sie war das wahre Girl von Ipanema«, sagt Castro, »schon bevor Tom Jobim mit seinem Song ›Garota de Ipanema‹ den Mythos kreierte.«

»So hätten wir uns nicht gezeigt«, sagt Ira Etz. Sie schüttelt ihre aschblonden Locken. Missbilligend. Neidisch. »Das ist doch provozierend.« Theresa nickt. »Die meisten sind sowieso zu fett, die gehören nicht hierher.« Adriana seufzt. »Wir waren schöner«. »Aber wir haben uns nichts daraus gemacht«, sagt Ira. »Wir waren einfach schön.«

Die drei Frauen prusten los. Dann schauen sie wieder versonnen auf den Strand hinab, aus einem Apartment, dessen Quadratmeterpreis das Jahreseinkommen der Surfer dort unten weit übersteigt, eine geschwungene Fensterfront, groß wie der Ballsaal eines Luxusliners, direkt am Arpoador, der wie ein feuchtglänzender Walrücken aus dem Meer steigt.

Damals saßen sie dort unten auf dem Felsen. Damals gab es das Apartment noch nicht und die *favela* am anderen Ende auch nicht. Sie brauchten nichts – sie waren einfach so jung und schön wie das Mädchen im schwarzen Tanga dort unten, das unter den Streicheleien ihres Freundes kichert. Schöner!

Ira Etz trägt Sandaletten aus Schlangenleder und altgelbe Naturseide, die ihre hellblauen Augen wirksam strahlen lässt. Und sie strahlen noch immer. »Es gab keinen«, schreibt Castro in seinem Buch, »der nicht mehr oder weniger in Ira Etz verliebt war.«

»Davon weiß ich nichts«, lächelt sie, doch ihre Augen verraten, dass sie es ganz genau weiß, und ach, die Heldengeschichten und Barrikadenromanzen dieser Revolution erzählen heute vor allem vom Alter, von der Flüchtigkeit der Liebe, von verblassender Schönheit und letztlich vom Tod – wer will daran erinnert werden?

Sie hat ein neues Leben – in drei Tagen ist ihre erste Ausstellung. Ja, sie hat zu malen begonnen. Es ist ein paradoxer Neuanfang, der weit in die Familiengeschichte zurückführt, denn schon ihr Vater war ein guter Maler und ihr Großvater eine alle überragende Berühmtheit. Sie malt, als taste sie sich damit nach Hause. Ihre Bilder zeigt sie hier, am Arpoador, wo alles begann.

»Ich kam im Bauch meiner Mutter nach Ipanema«, sagt sie und lächelt, weil sie weiß, dass es ein guter Anfang ist – Mythen beginnen so. Ihr Eltern lebten damals in Holland, wohin sie vor den Nazis geflohen waren. Als ihre Mutter mit ihr schwanger wurde, entschlossen sie sich, das ungeborene Kind vor dem braunen Terror endgültig in Sicherheit zu bringen und bestiegen das Schiff nach Brasilien. Sie nannten sie Ira, den »Zorn« – ein Kind der alten Welt und der neuen.

Ipanema damals: eine dünn besiedelte Kleine-Leute-Gegend. Zu Hause sprach Ira deutsch, bis es 1942 verboten wurde. Der Laden Rhenania (Rheinland), in dem sie Leberwurst kaufte, wurde in Jangadeira umgetauft und Ira eröffnete ihrer Mutter: »Ich mag diese Affensprache nicht mehr sprechen.«

Sie mochte es einfach nicht, Außenseiterin zu sein, sagt sie. Nie. »Kinder wollen immer sein wie alle anderen.« Es klingt wie ein Geständnis, zu dem sie sich erst spät durchringen konnte.

Ira Etz war anders, weil ihre Eltern anders waren. Ihr Vater war Boheme, er trug seine Haare lang und wenn er am Strand entlangging, sah er aus wie Tarzan. »Wie Tarzans Sohn«, verbessert Ira. Ihre Mutter schneiderte sich ihre extravaganten Kleider selbst. »Wir hatten mit dem gesitteten Copacabana-Bürgertum nichts zu tun. Wir gingen tauchen, wir lebten am Strand und wir tranken mit den Männern in den Bars.«

Die Ipanema-Revolution, die damals begann, war viel mehr eine des Lebensstils als der politischen Phrasen. Links waren sie sowieso. Das gehörte zum guten Ton der europäischen Emigranten. Ira und ihre Freundinnen waren Amazonen im Bikini, die lasen, tanzten und mit Freunden wie Schriftsteller Rubem Braga die Nächte durchdiskutierten, emanzipiert, ohne prüdes Geklapper. Ipanemas Mädchen, die *garotas*, warteten nicht, sie nahmen, was sie wollten. Und wen sie wollten.

Iras erster Liebhaber war ein Emigrantenkind wie sie, auch er eine legendäre Figur: Arduino Collosante aus Livorno, der mit seiner Schwester Marina (die später Affonsos Frau wurde) und seinen Eltern 1948 nach Ipanema kam. Die Sage will es, dass die Soldaten an der Marinebasis des Apoador erbleichten, als sie ihn bei Mondlicht über die Wellen schweben sahen: Arduino war der erste Surfer der Welt, der sich aufrecht auf sein selbst geschnitztes Brett stellte. Er gehörte wie Ira zur Bossa-Nova-Meute um Tom Jobim, dem »new wave« jener Zeit.

Ira wurde von den Illustrierten entdeckt. Auf dem Cover von *Senhor* posierte sie unter der Zeile »Ira de Senhor« – »Der Zorn des Herrn«. Sie filmte. Sie reiste. »Ich wollte immer nach Deutschland, aber meine Mutter hatte es mir verboten.« Warum? Sie zuckt die Schultern – sie will nicht über ihre Mutter reden.

»Stattdessen bin ich nach New York gegangen und es war wundervoll.« Nach ihrer Rückkehr studierte sie Kinderpsychologie. Das Leben war aufregend – und die Welt zu verbessern, gab ein irgendwie wärmendes Gefühl.

Rio, damals Hauptstadt, lebte das, was Zuenir Ventura in seinem Klassiker »Geteilte Stadt« als »goldene Illusion« bezeichnet: Friede zwischen den Klassen. Lana Turner konnte nachts am Strand von Copacabana ihre Liebhaber auflesen ohne Angst zu haben, überfallen zu werden, und Mittelstandstöchter gingen in die *morros*, die Armensiedlungen, um den Kindern lesen und schreiben beizubringen. Rio in den Fünfzigern – eine Lüge. Aber eine schöne.

In Ipanema wurde sie gleichzeitig kultiviert und zerstört. Das Verhältnis der Szene zur Gesellschaft war stets frivol. Auch als sie sich nach dem Militärputsch von 1964 radikalisierte, applaudierte sie dem gut gebauten Körper genauso wie dem subversiven Gedicht, dem riskanten Argument genauso wie dem abenteuerlichen Bikini.

Terrorist Fernando Gabera etwa, heute Parlamentsabgeordneter für die Grüne Partei, machte zweimal Schlagzeilen: Als er den amerikanischen Botschafter entführte und als er, nach Amnestie und Rückkehr aus dem Exil, den Stringtanga für Männer einführte.

Die Marseillaise Ipanemas ist kein Triumphmarsch, sondern ein einziger musikalischer Liebesseufzer – Tom Jobims »Garota de Ipanema« setzte die Strandmeile auf die Weltkarte. Der Song schlug die Beatles bei der Grammy-Vergabe 1964 und Frank Sinatra landete mit der Coverversion einen seiner größten Erfolge.

Zu den großen Ironien Ipanemas gehört allerdings, dass sich Jobims Seufzer an eine Unwürdige verschwendete. Er saß mit seinem Freund, dem Dichter Vinicius Moraes im Café Veloso, als die junge Heloi vorbeiging. Ein *doce balanco*, ein süßes Schaukeln, wie es im Lied heißt? Lyrischer Quatsch, sagen Iras Freundinnen. »Die Kleine hat mit dem Hintern gewackelt und Jobim war hin und weg.« Wenn es eine »Garota de Ipanema« gab, dann war es Ira Etz, darüber sind sich alle einig.

Heloi war Anti-Ipanema und folglich hat sie Jobim die kalte Schulter gezeigt. Ira war schön, konnte trinken und sprach drei Sprachen, Heloi dagegen kam aus der armen Nordzone, verstand nichts von Kunst und schlimmer noch – sie war prüde und ihr Elternhaus erst recht. Iras Vater war Maler. Der von Heloi war Offizier – als Juntageneral sorgte er später für die Zensur der Ipanema-Meute rund um das Magazin *Pasquim*. Jobim und Ira, das war vorstellbar. Jobim und Heloi? Ein Beweis, dass Liebe dumm macht.

Dummheit aber konnte sich der Ipanema-Aufstand irgendwann nicht mehr leisten, denn seit der Machtergreifung durch die (bigotten, aber nicht blutrünstigen) Militärs von 1964 musste man alle List aufbringen, um nicht ins Gefängnis zu wandern. Ipanemas Spaßguerilla umging die Zensur mit Satiren, die die Militärs nicht verstanden. Sie wurden im Großen und Ganzen auch mit Helois Vater fertig.

Doch dass dessen Tochter einst vom unsterblichen Tom, dem strahlenden Sonnensohn vom Arpoador, besungen wurde – das wurmt die Frauen von Ipanema noch heute, gerade in diesem Sommer, in dem eine neue Generation den Song in einer Dancefloor-Version für sich entdeckt.

Heloi beutete ihren Ruhm später als TV-Hostess aus, wetterte in Interviews gegen die Ausbeutung der Frau als Sexualobjekt und ließ sich ein paarmal liften. Jobim ist gestorben. Und Ira Etz? Sie hat einen Millionär geheiratet und war nie wieder Außenseiterin, sondern mittendrin.

Diese Ehe, die als verbotene Liebe zu einem

bereits verheirateten Mann begann, hat gehalten. Sie hat sogar die große Tragödie ihres Lebens überdauert – den Tod ihres Sohnes, der mit zweiundzwanzig beim Tauchen verunglückte. Er war freundlich zu allen, ins Leben verliebt, ganz so wie Ira selbst, als sie die Göttin des Arpoador war. »Immerhin«, sagt sie leise, »weiß ich, dass er dort gestorben ist, wo er am liebsten war.«

Sie wirkt wie eine Frau, die Bilanz zieht und nach ihren Wurzeln sucht, und die führen nach Deutschland. Ihre Enkel gehen auf die deutsche Schule am Corcovado. Ja, sie sollen Deutsch lernen, denn schließlich: »Das ist die Sprache meiner Herkunft.«

Ihre Bilder haben keine Titel. Es sind Monochrome in den Farben Ipanemas, meerblau, sandgelb, sonnenuntergangsrot, über die in kräftigen Strichen Balken gelegt sind – Ansätze von Fensterwinkeln und Türöffnungen, Chiffren für Behausungen. Sie steht davor wie eine, die sich selbst ausgesperrt hat. Wo gehört sie hin?

»Ich glaube nicht«, sagt sie plötzlich auf Deutsch, in der »Affensprache«, die sie nie verlernt hat, »dass die Bilder meiner Mutter gefallen würden.«

Heute hat Ipanema einen scheußlichen Sieg errungen. Die jugendlichen Gegner der Diktatur der sechziger und siebziger Jahre sind etabliert, ein bisschen müde, ein bisschen korrupt und absolut visionslos. Als Politiker steuern sie das

Land über die neoliberalen Runden. Als Journalisten verdienen sie im Trash-TV, das sie mit ihren intelligenten Tabubrüchen einst mit vorbereitet haben.

Ipanemas sexuelle Revolution hat sich geradezu totgesiegt: Der immer knapper werdende Bikini ist mittlerweile verschwunden und hat sich in kompletter Nacktheit aufgelöst. Der Körper ist – endlich – geheimnislose Ware.

»Die Wahrheit ist nackt«, posaunte kürzlich das Massenblatt *Manchete,* zeigte schmollende Strandmodels mit Silikonäpfeln und lobte das hüllenlose Sonnenbaden als letzten Schrei, den die so souverän verschweinten Europäer aus St. Tropez und Mallorca bei der letzten Sylvesterparty eingeschleppt hätten.

Kurz darauf schritt eine Mannschaft von zwanzig schwer bewaffneten Polizisten auf und verhaftete eine barbusige italienische Touristin, die sich weigerte, ihr Oberteil wieder anzulegen. Der Verantwortliche für die Aktion sah die öffentliche Sicherheit in Gefahr. Er musste sich jedoch dem Gouverneur – und den öffentlichen Protesten – beugen und die Touristin wieder freilassen.

Schade, denn natürlich hatte der wackere Mann Recht. Erstens sind es immer die Falschen, die versessen aufs Nacktbaden sind. Zweitens ist es ohnehin so erotisch wie Zahnhygiene – spannend sind die Stadien der Enthüllung, und in diesem Spiel waren die *garotas* von Ipanema bisher virtuos. Der bewaffnete

Einsatz war also ein letzter tapferer Widerstand in einem verlorenen Kampf: Bald werden auch Rios Strände aussehen wie Nudistencamps in Quedlinburg. Nackte Brüste, nackte Ärsche. Die Sache an sich. Darauf läuft alles hinaus.

Logisch, dass die Nacktmode sich besonders am Nachbarstrand nach Barra ausgebreitet hat, wo sich der blöde Zugreifkapitalismus à la Miami in endlosen Shoppingmalls an einem endlosen Strand manifestiert. Dorthin, nach »Neu-Ipanema« sind die bewusstlosen Wirtschaftswunder-Neureichen in den neunziger Jahren gezogen. Die letzte, bürgerliche Umständlichkeit ist verschwunden. Ipanemas Hedonismus – hier hat er sich endlich und total und aufs Scheußlichste erfüllt.

Wie viel spannender und sinnenfroher ist doch die Erzählung vom Weg dorthin. Topografie als Sittengeschichte: Von der geschlossenen, prüden Copacabana-Bucht der Vorkriegszeit, über den offeneren Ipanema-Strandbogen der frivolen Boheme-Revolte bis hin zur pfeilgeraden, nackten Highway-Sandbank der Milleniumspopulation in Barra.

Es ist eine Erzählung zunehmender Entblößung, und an ihrem Anfang steht wiederum eine Deutsche: Miriam Etz, Iras Mutter. Die Frau, die den Bikini nach Brasilien brachte.

»Nun ja, hier sieht es anders aus als bei den Millionären in Ipanema«, sagt sie und sie hat Recht. Ein kleines Chalet, nicht so schick, aber die

Wände bersten von glühend-schönen Bildern. Porträts, Landschaften, Stillleben. Und davor eine fünfundachtzigjährige Frau in Turnschuhen und Jeans, die lacht und Zigaretten qualmt.

Sie hatte sich vorgenommen, zur Ausstellung ihrer Tochter zu fahren, doch vor einigen Tagen ist sie hingefallen und der Arzt hat ihr Reisen verboten. »Dabei«, sagt sie mit unverkennbar rheinischem Akzent, »kann ich gut laufen, besonders nach dem zweiten Bier.«

Sie wohnt drei Autostunden von Rio in den Bergen von Nova Friburgo, das aussieht wie die Schweiz mit Palmen und sich, kein Witz, die Hauptstadt der Unterwäsche nennt. Obwohl mittlerweile einige der insgesamt dreitausend Lingerieläden in diesem Tropenflecken dicht gemacht haben, ist sie das immer noch. Hauchzarte Höschen in Pink und Schwarz wohin man nur schaut. Dass Miriam Etz ausgerechnet hier gelandet ist, ist eine effektvolle Lebenspointe, denn sie war es, die den Zweiteiler am Strand von Ipanema erfunden hat.

»Die Badeanzüge, die ich aus Holland im Gepäck hatte, waren aus Wolle und einfach zu heiß für die Tropen«, sagt sie. »Da habe ich sie auseinander geschnitten und neu vernäht.« Ihre Kreationen waren ein prompter Erfolg. Aus Deutschland mit seiner Freikörperszene war Miriam nackte Haut gewöhnt, doch in Rio war sie eine Provokation, besonders, wenn es um die helle Haut der höheren Stände ging.

Wenn Miriam mit Ira und dem Söhnchen

Roberto am Arpoador saß, hielten oben auf der Straße die Limousinen an. Einige begnügten sich damit, einladend die Tür aufzustoßen. Andere starrten und fummelten an sich herum. »Ich habe das nie verstanden«, sagt sie. »Wer sich solche Schlitten leisten konnte, der hätte sich doch auch ein Apartment samt Mädchen leisten können.«

Was Tochter Ira in den frühen Sechzigern, war Miriam in den Vierzigern: Covergirl und *garota de propaganda*, Model für Werbung. In einer berühmten Bierreklame posiert sie im zweiteiligen Badeanzug am Strand. »Danach liefen alle im Zweiteiler rum.«

Sie genießt es, deutsch zu reden. Es ist nicht nur der Klang der Kindheit, sondern der Klang des Außenseitertums. »Es hat absolute Vorteile, nicht dazuzugehören.« Ihre Tochter, wende ich ein, sähe das wohl anders – sie habe ein Leben lang darunter gelitten. »Das sagt sie jetzt«, meint Miriam.

Doch selbst wenn – »Was sollte ich denn machen, ich kam doch selbst als Außenseiterin zur Welt.« Und dann erzählt sie von jenen Tagen in den dreißiger Jahren, in Düsseldorf, als sie zur Außenseiterin wurde, ohne dass man sie gefragt hätte. »Plötzlich waren die Jugendherbergen für Hunde und mich verboten.« In dieser Zeit ging ihre erste große Liebe in die Brüche, zu einem Studenten, mit dem sie Rilke las. »Er meldete sich einfach nicht mehr – später erfuhr ich, dass sein Vater Karriere in der Partei gemacht hatte.«

Hinter ihr hängt ein Porträt, das ihr Vater gemalt hat. Es zeigt sie mit zwanzig, ein umwerfend schönes Mädchen mit blonden Haaren in einem rosafarbenen Mantel. »Den Mantel habe ich selber genäht.« Ihr Vater muss sie sehr geliebt haben, denn es gibt viele Porträts von ihr, als Mädchen, als junge Frau, selbstbewusst, verletzbar, offen.

Ihr Vater, der Expressionist Arthur Kaufmann, war Begründer der Kunstbewegung »Junges Rheinland« und einer der gefragtesten Porträtmaler der Zeit. Einstein saß für ihn, und Thomas Mann, Schönberg und Toller, die gesamte von den Nazis vertriebene Elite, und zwischendurch ein Banker, der mit einem Auftrag half, die Miete zu bezahlen. Die Kaufmanns hatten stets ein offenes Haus. »Jedes Mal, wenn Papa ein Bild verkauft hatte, gab es ein Fest.«

Später flohen ihre Eltern vor den Nazis in die USA – George Gershwin, ein Freund ihres Vaters, hatte sich für sie verbürgt. Miriam entschied sich für Brasilien. Sie hatte inzwischen Hans Etz geheiratet, einen Meisterschüler Paul Klees – gegen die eifersüchtigen Widerstände des Vaters. »Er war wütend, und er sagte, dass ich mein Leben lang nähen müsse, um einen Künstler zu ernähren.«

Sie nähte, doch Hans Etz konnte seine Familie durchaus über die Runden bringen. In Brasilien verlor er das Interesse an abstrakten, akademischen Malereien und brachte die delirierenden Farben, die Natur, die Menschen seiner neuen Heimat aufs Papier. Natürlich gab es auch dort Dummköpfe: Im Vorderhaus wohnte ein anderer Deutscher, der dauernd Hitler-Reden hörte. »Kaum war ich diesem Gebrüll entronnen, war ich ihm wieder ausgesetzt.« Gottseidank verschwand der Spuk bald.

Einer Tradition blieben die beiden treu – dem offenen Haus, das wie ein Magnet wirkte auf jeden, der Phantasie und Grips hatte. Die Manns schauten vorbei. Axel Caldwell. Mit Nobelpreisträger Jorge Amado verkrachte sich Miriam später: »Er war Stalinist und wollte meine trotzkistischen Ansichten nicht dulden.« Ipanema im Hause Etz, das war eine freie Geistesrepublik vor den Toren der Stadt.

Ich frage sie, warum sie ihrer Tochter damals verboten habe, nach Deutschland zu reisen. »Es war zu früh«, sagt sie, »Katholiken und Schützenfeste und Nachkriegslügen – das hätte sie verdorben.« New York war besser für sie.

Doch nicht alles an Deutschland war Miriam verhasst. Den berühmten Vinicius, Dichter der »Garota de Ipanema«, konnte sie aus einem einzigen Grund nicht leiden: Er hatte sich angemaßt, Rilke zu übersetzen, ohne überhaupt Deutsch zu können. Aus dem Französischen, ihren Gott Rilke! Jenen Rilke, den sie mit ihrer ersten Liebe las, bevor der sich gegen sie und für die Nazis entschied.

In den sechziger Jahren verdiente Miriam »richtig Geld«. Da arbeitete sie als Managerin für den Kosmetikkonzern Avon. Doch als sie einen weiteren Schritt nach oben tun sollte, in die Konzernzentrale nach São Paolo, stieg sie aus. Auch von Ipanema hatte sie irgendwann die Nase voll. Sie zog in die Berge mit ihrem Mann, der Mitte der achtziger Jahre starb.

Sie selbst hat nie aufgehört zu malen. Nun bastelt sie Collagen aus Aquarellen und Naturstoffen, setzt Blätter und Gräser in wundersame aquamarinblaue Welten und presst Farne zu speienden Vulkanen. Ihr Bruder aus New York unterstützt sie finanziell, ihr Sohn Roberto lebt nahebei und ihre Schwiegertochter leistet ihr Gesellschaft.

Was sie von den Malereien ihrer Tochter hält? »Sie macht es schon ganz klug«, sagt sie. »Ira hat einen Millionär zum Mann und sitzt mitten in der Ipanema-Schickeria – wäre doch gelacht, wenn sie nicht verkaufen würde.«

Alle sind sie gekommen an diesem Abend und Ira, mondän in schulterfreier grüner Kreppseide und rauschgoldenem Haar, nimmt Glückwünsche entgegen und gibt Küsschen und schwebt durch dieses Klassentreffen der Ipanema-Meute, für die ihre Bilder ein offensichtlich nichtiger, aber gelungener Vorwand sind sich wiederzusehen. Der Raum, in dem sie hängen, bleibt leer, als wolle man sie nicht stören – das Gewoge ist im Salon an der Fensterfront.

Ruy Castro philosophiert über die Vergeblichkeit aller Revolutionen: »Ich habe meine Tochter mit Jazz von Terence Blanchard erzogen, und was hört sie? Brasilianische Popschnulzen.« Kurz darauf wird er von einer älteren Dame attackiert. »Dein Buch ist voller Fehler«, ruft sie wütend.

Tatsächlich war ihm ein schlimmer Lapsus unterlaufen. Ungeprüft hatte Castro ein Gerücht über einen deutschstämmigen Theatermann übernommen und seiner Familie Nähe zu den Nazis angedichtet – in Wahrheit war sie in Auschwitz vergast worden.

Der Skandal: Die Dame erregte sich gar nicht darüber, sondern weil Castro vergessen hatte, sie in seinem Buch zu erwähnen. Kaum einer findet das peinlich. Nur Affonso lächelt schmal und böse: »Soweit zur Poesie der Erinnerung.«

Rios linke Schickeria und ihre Diskurse. Ein dürrer schwarzer Pagenkopf mit knallrotem Mund, »oberste Feministin des Landes« und Freundin des Staatspräsidenten, hat Gelder für ein Projekt ergattert, mit dem sie Jugendlichen in der Nähe São Paolos das »Fischen beibringen« will, »damit sie wieder lernen, von der See zu leben.« Wer immer so was sponsert, muss verrückt sein. Als ob die Straßenkids São Paulos keine anderen Sorgen hätten als zu angeln.

Dass Ipanemas Jugendkult von je auch ein unbarmherziges Schlachtfeld war, lässt sich am Gesicht einer sympathischen Mittfünfzigerin ablesen – es ist zerschnitten und entstellt von der jüngsten Schönheitsoperation. Auch das ist Ipanema: Wer hier ein Problem hat, geht nicht zum Analytiker sondern zum Chirurgen.

All diese Künstler und angejahrten Aktivisten, sie bilden eine liebenswerte und selbstverständlich todtraurige Kulturmeute, die es so überall auf der Welt gibt, auf der New Yorker Westside ebenso wie in Berlin-Charlottenburg.

Iras Bruder Roberto ist unter ihnen aufgewachsen und gehört doch nicht dazu. Er verdient sein Geld mit Rindern in den Bergen von Nova Friburgo. Für einen Moment stehen wir allein am Panoramaschwung der Fenster. Im Flutlicht am Strand spielen Kids Fußball und am anderen Ende der Ipanema-Bucht legt sich die *favela* wie ein funkelnder Mantel um die Bergkegel – nachts, aus der Ferne, ist die Armut schön.

»Ich habe Lust, alles in die Luft zu jagen und ganz neu anzufangen«, stößt Roberto plötzlich hervor. Überraschend, denn Roberto ist der Uneitelste der Meute, naiv, ein freundlicher Außenseiter, ganz bestimmt kein Anarchist. Ich frage ihn, was er machen will? Er zuckt mit den Schultern.

Doch dann dreht er sich um, grinst müde in den Salon und sein Geplapper und sagt: »Vielleicht fange ich auch an zu malen.«

Das eben ist Ipanema – es gibt immer Alternativen zur Revolution.

Das brasilianische »churrasco«

Fleisch im Himmel

Vor einigen Jahren hat ein japanischer Lebensmittelforscher herausgefunden, dass die Japaner in Japan im Schnitt achtzehn Jahre länger leben als die außerhalb. Weil sie gesunden Fisch und Reis essen, die im Ausland dagegen, besonders in Brasilien, viel zu viel Fleisch.

Allerdings, und vor dieser Frage drückt sich die Untersuchung: Ist dieses fleischlose Leben lebenswert? Was fange ich mit den achtzehn Jahren Bonuszeit an, wenn ich sie nicht in einer *churrascaria* verplempern kann? Ich bin Fleischesser. Ich sterbe früher. Aber bis dahin habe ich mehr Spaß als andere, vorausgesetzt ich lebe in Brasilien.

Sicher, im Rest der Welt werden passable Steaks gebraten. Das T-Bone-Steak bei Peter Luger's in Brooklyn ist eine wochenlange Vorausreservierung wert und das Prime-Rib in der Stockyard Barn in Nashville Tennessee hat mir noch mehr Laune gemacht als das folgende Dolly-Parton-Konzert in der benachbarten Grand Ol' Opry. Das hart angebrannte *bife de chorizo* im El Ceibal in Buenos Aires, ebenfalls ein Okay-Tango für den Gaumen.

Doch ein brasilianisches *churrasco* erweckt den Wunsch nach sofortiger Einbürgerung. Damit meine ich: irgendeines. Es darf durchaus der Schuppen an der Tankstelle nach Petropolis sein, wo der Einheitspreis bei drei Euro liegt – Fleisch, so viel man kann. Und man kann viel davon. Es ist Fleisch im Himmel.

Brasilien ist das größte Fleischland der Erde. Argentinien hat fünfzig Millionen Rinder, Brasilien hundertsiebzig Millionen. Das nur, um die Größenordnungen klarzurücken. Vielleicht gibt es in den USA noch ein paar Rinder mehr – aber da man Fleisch dort meistens zu Hamburgern vernichtet, müssen sich die Amis ganz weit hinten anstellen.

Zurück zum *churrasco*. Die zweifellos besten Fleischtempel des Landes sind in Rio de Janeiro beheimatet: das Marius an der Copacabana und das Porcao Rio an der Lagoa.

Sicher sitzt man hier besser als in irgendeiner Fernfahrerklitsche, die Hauptsache jedoch ist das Fleisch. Und das kommt von den Weiden des Südens. Brutzelnd auf den Teller gesäbelt. Außen schwarz, innen rot. Es hat den Geruch von Feuerstelle und Urhorde und Jagd. Es kitzelt im Gaumen die Erinnerung daran wach, wie einfach und schön das Leben sein kann als Mann und Jäger.

Nehmen wir Marius, das mit seinen armdicken Tauen und Ankerketten und Ziegelwänden und gemaserten Holztischen wie eine ziemlich gemütliche Piratenhöhle aussieht. Das Vorspeisenbuffet allein belohnt dich dafür, dass du den ganzen Tag feindliche Barkassen geentert, Jungfrauen geraubt und Juwelenkisten geschleppt hast, auch wenn das alles nur am Telefon war: Austern in Eisbetten, Carpaccios von Rind und Lachs, Sushi, Froschschenkel, Wachteln, Tintenfisch, Krabben, Käse und gesondert davon eine Salatbar von der Größe einer mittleren tropischen Insel.

Allerdings dient die ganze stimulierende Vielfalt nur dazu, das Wesentliche anzukündigen wie ein Divertimento das einzige, starke, konzentrierte Hauptthema: Fleisch.

Die Beilagen – frittierte Maniokstreifen und gebratene Bananen – sind serviert. Auf deinem Tisch liegt eine Plakette mit roter und grüner Seite, simpel wie eine Ampel. Grün bedeutet: Das Gemetzel darf beginnen, Fleisch ab, die Taue gekappt, hinein ins blutige Vergnügen. Und so marschieren sie auf, die Fleischträger mit ihren Spießen.

Mit Würde schreiten sie die Tische ab und eilen zurück zur Küche, um mit frisch brutzelnden Säbeln wieder zurückzukehren. Das ist das Wichtigste – zwischen Grill und deinem Teller liegt nie mehr als eine Minute. Ein im Übrigen verkehrtes und durchaus amüsantes Spiel beginnt. Normalerweise verlangst du nach dem Kellner – hier bist du damit beschäftigt, ihn abzuwimmeln.

Tust du's nicht, liegt auf deinem Teller irgendwann ein komplettes Rind, denn die Spielregel besagt, dass nachgelegt wird, so lange dein Ampelauge Grün zeigt. Und den Fleischträgern entgeht Grün nie, sie sind darauf so sehr konditioniert, dass man selbst grüne Krawatten vermeiden sollte.

Oft drängen sie dir, als letzte raffinierte Verzögerung, noch knusprigen Kleinkram auf: auf langen Gabelzinken gegrillte Hühnerherzen, Schenkelchen, Würstchen. Doch dann tritt die Hauptperson auf, der Matador, der Mann mit dem *picanha* – so nennt man das hauchzarte Fleisch oberhalb der Schwanzwurzel. Alles, was du nun noch zu tun hast, ist *mal passado* oder *bem passado* zu murmeln, also: blutig oder gut durch, und dann mit einer Silberzange nach der Scheibe zu greifen, die dir vom dampfenden Spieß gesäbelt wird.

Es empfiehlt sich, von hinten nach vorn zu essen, also von der *picanha* über das Baby Beef der Hinterbacke, das magere Filet Mignon (Lende) und das T-Bone-Steak (Rücken) hin zur Schulter. Und mit dem überaus würzigen, saftigen Buckel, dem *cupim,* ausklingen zu lassen. Warum? Weil der *cupim* am fettesten ist und deshalb nach sich nichts mehr duldet.

Sicher tragen die Zubereitung des Fleisches über dem offenen Grill (150 Grad) und der kurze Weg zum Teller dazu bei, dass du ein paar Stunden sitzen kannst und jeder Bissen frisch ist und eine Sinfonie auf der Zunge. Doch die Hauptsache ist der Rohstoff selbst, das Fleisch.

Bei Marius kümmert sich der Chef persönlich um die Auswahl der Rinder, die er von den endlosen Gaucho-Weiden im Süden kauft. Diese

Tiere sind ihr Leben lang an der herben Luft gewesen und in Bewegung und sie haben nie etwas anderes gemalmt als frisches Gras, das schmeckst du bei jedem Bissen.

Marius wählt nur männliche Tiere aus. »Sie sind einfach würziger und zarter«, sagt der Fleisch-Chef des Restaurants, Paulo Alfonso. »Weibliche Tiere sind fad und zäh.« Darüber hinaus sollte das Fleisch auch nie von einer parfümierten Frauenhand berührt werden – Fleisch ist eine Angelegenheit von Männern, von Tabak und Schweiß. Paulo lächelt überlegen. »Bei uns dürfen Frauen die Plätze anweisen und die Cocktails servieren – am Grill haben sie nichts verloren.«

Seit fünfzehn Jahren arbeitet er bei Marius und für ihn gibt es keine Steigerung zu diesem Job, diesem Leben. Mit Ausnahme vielleicht von Bottrop. Da hat er mal ein Jahr lang gewohnt. Er liebt Bottrop. Bottrop ist vielleicht sogar noch besser als Fleisch. Aber eine unglückliche Kette von Zufällen zwang ihn aus Bottrop nach Brasilien zurück.

Nun bewundert er es aus der Ferne, und die Deutschen sowieso. »Große Fleischesser im Übrigen.« Aber was sollen sie machen – sie haben nun mal nicht diese Weiden, diese Rinder. Und dass sie nun mit diesen *vacas loucas*, den verrückten Kühen, geschlagen sind, treibt ihm die Tränen in die Augen. »Sollen sie zu Marius kommen. Alle.«

Die Hälfte Bottrops ist ohnehin schon da,

denn Marius liegt nur einen Strandspaziergang weit weg von den großen Hotels an der Avenida Atlantica, dem Meridien, dem Excelsior, dem prächtigen Copacabana Palace. Und einen Spaziergang wird man brauchen, vor allem, da nach dem Fleisch die Dessertkellner defilieren.

Sie kommen mit hellem Mousse oder Maracujacreme, mit Limao-Soufflee oder den sahnigen Fruchtcocktails, die nach edlen, nie gehörten Naturvitaminen klingen und die damit einen überaus gesund schmeckenden Abschluss der Metzelei darstellen, der sich nicht schöner und schuldfreier denken lässt.

»Übrigens«, sagt Paulo, »hat brasilianisches Vieh weit weniger Cholesterin als das europäische, eben weil es nur Grünzeug frisst.« Womit auch das ein für alle Mal geklärt wäre: Um lange zu leben, musst du nicht Vegetarier werden.

Es genügt, wenn das Rind, das du verspeist hast, eines war.

Das Maracaná-Stadion

Tor zum Himmel, Maul zur Hölle

Von seinen dreiundsiebzig Jahren hat der alte Isaias Ambrosius einundfünfzig in diesem Stadion verbracht. Er ist ein Weiser, der den Sieg kennt und die Niederlage und das Leben. Seine Abstammung, sagt er, sei italienisch, sein Herz afrikanisch, seine Nationalität brasilianisch und seine Seele, nun, die muss irgendwie rund sein wie ein Fußball.

Er hat mitgebaut an diesem Stadion und er hat die monumentale Pleite zur Eröffnung erlitten. Kein Sieg war je größer als diese Niederlage. Aber man lernt aus Niederlagen. Und nun, fünfzig Jahre und fünf Kinder und fünfzehn Enkel und einen Urenkel später, ist Isaias bereit, seine Lehre weiterzugeben.

Er fixiert die Schülergruppe, die oben im leeren Stadion an seinen Lippen hängt, rollt die weißen Augen im schwarzen Schädel, und dann sagt er es: »Fußball spielt man nicht mit dem Maul, sondern mit dem Herzen.«

Natürlich gibt es noch andere Glaubensgrundsätze, etwa, dass der Ball rund ist und ein Spiel neunzig Minuten hat, aber von allen ist dieser wohl der wichtigste, besonders hier, auf der größten Opernbühne der Welt. Damals, im WM-Finale 1950, verlor Brasilien gegen den Fußballzwerg Uruguay 2 : 1, und in der eher kriegsarmen Geschichte der Nation ist diese Schlappe ein Trauma, das noch fünfzig Jahre später nachwirkt.

Doch nun kommt es zur Revanche, am gleichen Ort. Ganze drei Tage bis zur großen Show. Ganze drei Tage noch, und das Stadion wird den Alpdruck endlich loswerden. Sind wir nicht alle gereift? Wieder ist es ein neues Stadion, von Grund auf renoviert zur Jubelfeier.

»3 : 0«, tippt Marina, die elfjährige Schülerin, die mit ihrer Klasse das Monument bestaunt. »5 : 0«, meint ihre Freundin. Die Geschichte vom Uruguay-Spiel hat schon ihr Großvater erzählt.

Von oben sieht die Schüssel aus wie eine überdimensionierte Lupe, und darunter liegt die brasilianische Seele offen. Hier wird gebetet, geschluchzt und gefeiert wie nirgends sonst – im Maracanã ist die Übertreibung der Regelfall.

Das Spielfeld ist größer, die Zuschauerzahl gewaltiger, die Hitze brüllender, der Sieg schöner, der Absturz schrecklicher. Vier Rio-Clubs bespielen das Stadion: Flamengo, Botafogo, Vasco und Fluminense. Im Maracanã im Herzen der Stadt ist fast jeder Tag Spieltag, die Fans und Trikotverkäufer umlagern es nahezu pausenlos. Sie leben von Spiel zu Spiel. Und einige wohnten in den vergangenen Jahren gleich ganz hier.

Unten in den Kellern und Katakomben, wo Bauchladenhändler und Straßenräuber ihre Verstecke hatten, wo es nach Pisse und Rattendreck stank wie im Colosseum und wo mittellose Fans Tunnel bohrten und Eisengitter durchsägten, um sich vor großen Spielen in die Betonschüssel zu stehlen.

Dort unten lebten *maracanenses* wie Ovidio Vieira Pinto, den sie »Sieben Meter« nannten, weil er so lang war. Er hat Pele und Mick Jagger und Madonna an seinem Wohnzimmer vorbeistiefeln sehen. Die letzten Jahre vor seinem Tod tauchte der Maracaná-Molch nicht mehr im Stadionrund auf. Er verfolgte die Spiele am Radio, da die betonfeuchte Gruft sein Herz, seine Beine ruiniert hatte.

Doch nun ist die Schüssel, die in den vergangenen Jahren im Dauerinferno bejubelter und verhöhnter Kickerspektakel zur Ruine verkommen war, modernisiert worden. Neuer Anstrich, neue Toiletten, neue Sitze. Darüber ein ewig azurner Himmel, den es gratis gibt.

Gerade haben Pele und Zico und Romario und Edmundo ihre Füße vor dem Aufgang zur Haupttribüne in Beton verewigt. Eine Gemäldegalerie zeigt die Götter in schmissiger Kühlerhaubenmalerei – Ronaldo als Fußballkomet über dem Stadion, in den Sternen. Und natürlich gibt es eine Gedenkplakette für Garrincha, *a alegria do povo* – die Freude des Volkes.

Durch die Katakomben wird Marinas Gruppe geführt, keine rüpelnde Sportklasse, sondern Mädchen des feinen Collegio Any Quintana, die über ihren Besuch Aufsätze für den Geschichtsunterricht schreiben werden. Schließlich ist das Stadion der Petersdom des Weltfußballs – längst nicht mehr nur Sportarchitektur, sondern eine Art Kulturerbe.

Wie benimmt man sich in einer Kathedrale? Andächtig, weshalb die Schülerinnen an den Spinden der Fußballheiligen vorbeistaksen wie an Reliquienschreinen, um später der Familie, den Verwandten, den Freunden davon zu erzählen. Ach, hier sitzt Romario. Dort lässt sich Edmundo massieren. Die Mädchen tuscheln, kichern, erröten.

Dann die Aufwärmstation, diese fensterlose, düstere Hitzekammer mit Tor und grünem Tartanboden, für die stets genau jene Temperatur erzeugt wird, die draußen in der Arena herrscht. »Damit sie keinen Schock kriegen«, erklärt die Lehrerin. So spricht man über Rassepferde, über hochgezüchtete Muskelwunder.

Dann ist da schließlich der düstere Flur, an dessen Ende ein Quadrat aus gleißendem Licht steht – der Zugang aufs Spielfeld. Mit dem Blick auf dieses leuchtende Viereck sinken die Spieler ein letztes Mal auf die Knie, um zu beten, ihre Medaillons zu küssen, die Kreuzzeichen zu schlagen. Sie brauchen diesen Beistand.

Denn dann treten sie hinaus vor dieses aufgerissene Maul, diesen ovalen Betonrachen mit den zwei Zahnreihen, der einem einzigen trunkenen Irren gehören könnte, einem Riesen, der tobt und schluchzt und jubelt und verdammt.

Vor fünfzig Jahren waren es über zweihunderttausend Verrückte, die bereits feierten, bevor das WM-Finale 1950 zwischen Brasilien und Uruguay angepfiffen wurde – und Senhor Isaias Ambrosio war dabei.

Gerade war die größte Arena, die je für den Fußball geschaffen worden war, fertig gestellt worden – aus einer halben Million Säcken Zement und zehntausend Tonnen Eisen, ein Bau, für den das »größte Loch Lateinamerikas« gegraben wurde, denn der Boden war sumpfig und musste tief ausgehoben werden – ein Paradies für Frösche, die Isaias an die Feinschmeckerrestaurants an der Copacabana verkaufte.

Das Spiel? Isaias dunkles Trompetergesicht legt sich in unendlich traurige Falten »Dort unten liefen unsere auf«, sagt er. »Sie tanzten Samba und wir tanzten mit.« Gerade hatte die brasilianische Wunderequipe Spanien mit 6 : 1 pulverisiert – dieses Endspiel nun war nur noch Formsache.

Und dort drüben die Urus. Mit hängenden Köpfen. »Als ob sie auf den elektrischen Stuhl müssten.« Isaias spielt sie vor, jeden Einzelnen. Er lässt den Kopf hängen, rollt die Augen. »Sie würden gegrillt werden und Brasilien war Weltmeister, das stand schon vorher fest.«

Auch Isaias trug bereits ein T-Shirt, auf dem Brasiliens Triumph verewigt war, und das schwenkte er, als Friaca das Team in Führung brachte. Doch dann fiel der Ausgleich, und damit begann ein Alptraum, der bis heute wirkt. Gigghia schoss das 2:1 für Uruguay, und als das Spiel abgepfiffen wurde, war es totenstill im Stadion. »So still, dass ich einen Mosquito summen hörte.«

Isaias tupft sich das Gesicht mit einem großen, weißen Taschentuch. »Die Uruguayer haben gejubelt«, sagt er mit brechender Stimme. »Und Isaias hat geweint.«

Einige Schüler sehen aus, als ob sie gleich mitweinen wollten, und das ist genau der Moment in Isaias' Show, in dem es um Vermächtnisse geht. »Versprecht mir«, sagt der Alte, »dass ihr immer fleißig lernt und nie Drogen nehmt.« Und dann schluchzt er: »Damit meine ich auch Zigaretten – wenn Gott gewollt hätte, dass wir rauchen, hätte er uns statt des Kopfes einen Kamin mitgegeben.« Die Schüler nicken beeindruckt. Alles, Isaias, nur bitte, hör auf zu heulen! Im Gegenzug prophezeit ihnen der Alte einen Sieg gegen Uruguay. »3 : 0«.

Als die Truppe abgezogen ist, ist Isaias zufrieden mit sich, auch mit seiner Prognose fürs Spiel gegen Uruguay. Man lernt aus Niederlagen, sicher, aber es ist die Aussicht auf Siege, die einem durchs Leben hilft. Und schließlich ist ja das Maracaná keine Zuchtanstalt für bittere Zwangslektionen, sondern ein Denkmal für die Schönheit des Fußballs.

Von den Heldentaten der Stars sprechen sie hier wie Opernafficionados vom hohen C Mario Del Monacos oder den Arienschluchzern der Callas. Einer der legendärsten Momente ist auf einer eigenen Bronzeplakette verewigt: das »Gol de Placa«, das die Maracaná-Meute am 5. März 1961 zur Raserei brachte.

Da nahm Pele den Ball in der eigenen Hälfte an und ließ bei seinem Slalom über den Platz sechs Spieler des gegnerischen Fluminense-Teams aussteigen, tanzte tief hinein in den Strafraum, um endlich auch noch Torwart Castilho mit einer Körpertäuschung in die falsche Ecke zu schicken und den Ball über die Linie zu schieben.

Wo gibt es das schon, dass ein Dribbling verewigt wird, wo doch überall sonst nur noch das Ergebnis zählt! Schon der Versuch zu so individueller Zauberei wäre in jedem deutschen Stadion strafbar gewesen, hätte den Trainer des Künstlers in Rage gebracht und die Treter der Gegenseite aktiviert, die ihm spätestens nach fünfzig Metern die Beine weggesichelt hätten.

Aber hier, auf der Galabühne des Fußballs, war das Foul nie eine Option. Nicht bei diesem Solo, selbst für den letzten Verteidiger an der Strafraumgrenze nicht. Auf den Rängen hielten alle den Atem an, vereint im Genuss höchster Perfektion, und selbst Fluminense-Fans jubelten nach diesem Tor, mit dem Pele seinen FC Santos in Führung brachte.

Pele, der hier bereits als Sechzehnjähriger auflief, mochte das Stadion. Es gab ihm Räume, in denen er gestalten konnte. »Ohne das Maracaná wäre ich nicht der geworden, der ich bin«, sagt er. Doch Pele vom FC Santos kam nur zu Gastspielen hierher, während Zico, die Rio-Legende, hier quasi geboren wurde. Zico, der »weiße Pele«, der unbestrittene Hexenmeister der siebziger und achtziger Jahre, ein *carioca* aus Rios armer Zona Norte im Trikot der Rotschwarzen von Flamengo. Von den 701 Toren seiner Karriere schoss er 320 im Maracaná – die meisten, die je ein einzelner Spieler dort erzielte.

»Für mich war es immer einfacher, vor hundertfünfzigtausend zu spielen als vor tausendfünfhundert«, sagt er. »Das Maracaná hat immer das Beste aus mir herausgeholt.« Zico und das Maracaná, »Synonyme«, wie die Tageszeitung *Globo* in ihrer Jubiläumsbeilage befand.

Heute hat Zico eine eigene Fußballschule in Barra, einem Suburb an Rios pfeilgerader kilometerlanger Strandbank hinter Ipanema.

Im milden Flutlicht an diesem frühen Abend trainieren auf den zwei Hauptfeldern und sechs Übungsplätzen die Stars von morgen. Achtjährige, die unter Anleitung der Trainer den Ball tanzen lassen, geworfene Bälle im Volley verwandeln, stoppen und passen, links und rechts, und alle träumen sie davon, einmal in jenem magischen Katakombenflur ins Maracaná einzulaufen, in dieser Abschussrampe in die Unsterblichkeit.

Zicos eigener Verein hat sich in den letzten drei Jahren um zwei Spielklassen verbessert und steht nun auf dem Sprung in die erste Division. Die Hälfte der Mannschaft hat er aus seiner eigenen Fußballschule rekrutiert, Mittelstandskids darunter und viele aus den *favelas* – den Begabten stipendiert der Bundesstaat Aufnahmegebühren, Kleider- und Fahrgeld. Der brasilianische Fußballverband hat einige Probleme, besonders nach der gescheiterten WM-Bewerbung – doch Nachwuchssorgen gehören nicht dazu.

Wie andere Fußballlegenden, etwa Eusebio oder Platini oder Cruyff, hat Zico nie einen WM-Titel gewonnen, aber er hat gezaubert wie in jenem Qualifikationsspiel gegen Boliven zur WM in Spanien, als er alle drei Tore schoss, eines schöner als das andere.

Noch heute erinnert er sich mit Schaudern an Namen wie Briegel oder Förster, von dem es gleich zwei gab, harte Eisenfüße, die einem die Luft zum Atmen nahmen und die Lust zum Dribbling. Damals, 1982, spielte Brasilien den schönsten Fußball der Welt. Doch ins Finale zogen, einmal mehr, die Deutschen ein.

»Wenn wir damals gewonnen hätten«, meint Zico, »wäre die Entwicklung des Fußballs in den Folgejahren anders verlaufen.« Tatsächlich aber hatten die Magier bereits in der Zwischenrunde verloren, die Deutschen dagegen stolperten ins Endspiel – und als Devise für den Erfolg galt fortan: Wichtiger als das eigene Spiel ist es, das des Gegners zu zerstören.

»Im Maracanã«, meint Zico, »muss man zeigen, was man mit dem Ball kann – es ist ein scheußliches Geräusch, wenn man von hundertfünfzigtausend ausgepfiffen wird.« Und ein himmlisches, ein unendlich beflügelndes, wenn sie deinen Namen rufen, wie in jenem Endspiel gegen Inter, als sie nicht den Namen des Vereins brüllten, sondern nur »Zico« – sie wussten, dass er mit kaputtem Knie antrat und am nächsten Tag unters Messer kommen würde. Seine taktische Einstellung war stets so simpel wie schön: nach vorne spielen. Nicht verhindern, sondern selbst »so viele Tore wie möglich schießen«.

Und genau das will er auch erleben, in drei

Tagen, wenn die brasilianische Mannschaft Uruguay besiegt. Zico tippt ein 4 : 1. »Ein Fußballfest«. Zumal es um nicht mehr geht als ein paar Punkte in der Qualifikation für die nächste WM. »Und das Maracaná wird endlich einmal auf unserer Seite sein.«

Es denkt gar nicht daran. Es ist nicht käuflich. Tatsächlich wird an diesem Abend des großen Spiels klar, dass das *fantasma* Uruguays überlebt hat. Keiner weiß, wie. Es hat die ganzen fünfzig Jahre in irgendeiner Nische allen Triumphen und Stadionmodernisierern getrotzt. Ein böser Zauber, vermuten die Candomblé-Priester, der womöglich schon während der Schachtarbeiten geweckt worden war.

Die brasilianische Mannschaft, die der Nation und der Welt die große Show versprach, zaubert für fünf Minuten. Dann bricht sie ein. Verkrampft. Pässe kommen nicht mehr an, Dribblings scheitern, sie spielen wie gelähmt.

Uruguay geht in Führung und die begeisterungswillige Menge verstummt. Dann geht sie zum Gegenangriff über. Sie pfeift, sie buht. Als Brasilien, durch einen geschenkten Elfmeter, kurz vor Schluss der Ausgleich gelingt, buht sie noch immer.

Das klingt in dieser Schüssel, als habe sich das Tor zur Hölle aufgetan. Ein brausender Rachen, der die glücklosen Treter verschlingt. Schließlich ist das Maracaná trotz seines riesigen, begeisterungsfähigen, fünfzigjährigen Herzens auch das: das größte Maul im Weltfußball.

Ich und Paulo Coelho

Begegnung mit einem Unsterblichen

Das klassizistische Stadtpalais der Akademie der Dichtung im Zentrum ist die wohl prestigereichste Kulturinstitution Brasiliens. Wer es hierher schafft, darf sich »unsterblich« nennen. Nur einen Tag, nachdem Luis Ignacio Lula da Silvas Triumph bei den Präsidentschaftswahlen das Land patriotisch aufglühen ließ, wurde der Dichter, Sinnsucher und Bestsellerautor Paulo Coelho in die Ränge der »Unsterblichen« aufgenommen.

Es war ein Doppelschlag, wie ihn nur Rio hervorzaubern konnte. Mit absurden über siebzig Prozent hatten die *cariocas* dazu beigetragen, dass ein Malocher in den Präsidentenpalast gewählt wurde. Und nun schickten sie einen Exhippie in die Akademie der Dichtung, die wohl prestigereichste Kulturinstitution Brasiliens, die 1897 gegründet wurde.

In einer würdevollen Zeremonie nahm Coelho den Stuhl 21 ein, der durch den Tod des Ökonomen Roberto Campos frei geworden war. Um einen Platz unter den vierzig Erlauchten wird oft jahrelang intrigiert und offen gestritten – keiner hat den Charme und die Eitelkeit der Akademierituale meisterhafter aufgespießt als Jorge Amado, selbst Mitglied: »Um hierher zu gelangen, ist jedes Mittel recht.« Als Amado starb, stand Coelho, der »Pele der brasilianischen Literatur« (Akademiemitglied Niskier), ganz oben. Doch als Amados Witwe, auch sie Autorin, Anspruch anmeldete, hatte Coelho sich ritterlich zurückgezogen und ihr den Vortritt gelassen.

Nach Campos' Tod allerdings führte nun kein Weg mehr an Coelho vorbei: Mit zweiundzwanzig zu fünfzehn Stimmen war er aufgenommen worden. Der immer noch nachhallende Widerstand gegen Coelho, den Bestsellerautor mit einer Gesamtweltauflage von einigen Zillionen Exemplaren, war der altbekannte: Wer so viel Erfolg hat, ist seicht.

Allerdings war, im Falle der Akademie, dieses Argument dadurch geschwächt, dass sie immerhin auch einen Schönheitschirurgen in ihren Reihen duldete. Längst also hatte die Akademie, der einst Nationaldichter Machado de Assis vorstand, einer gewissen Seichtheit durchaus gehuldigt.

Dennoch stand hier eine Art Kulturrevolution ins Haus. Schließlich war Coelho ein ehemaliger Hippie. Doch Lulas Sieg war auch Coelhos Sieg. Alle Zeichen in diesem Land standen auf Neuanfang.

Ich war eher unverhofft auf der erlesenen Einladungsliste gelandet – mein Freund Harold, der für englische Skandalblätter schreibt und Oboe im Sinfonieorchester bläst, hatte mich draufsetzen lassen. Ich habe es nicht bereut. Der Abend, um es gleich vorweg zu sagen, wartete mit einem Rekord auf: Coelho gab mir an diesem Abend das kürzeste Interview meines Lebens. Es war gleichzeitig das tiefste. Das Interview als Zen-Rätsel.

Ich habe Coelhos »Alchimisten« auf einem Flug zwischen zwei Kontinenten gelesen, wo man sich ohnehin völlig orientierungslos fühlt. Nicht, dass dieses Buch mein Leben umgekrempelt hätte, doch ich kann mich an einen schönen Wüstenhimmel erinnern und an den heiteren Legendenton meiner Kinderzeit und eine angenehme Verdauung. Coelho hat 53 Millionen Bücher in 56 Sprachen und 156 Ländern verkauft, was bisher albernerweise stets gegen ihn verwendet wurde. Nun ist der Bann – endlich – gebrochen. Nun sitzt er tatsächlich zwischen den Unsterblichen, mit den glänzenden Augen eines Kindes, das sich einen »lebenslangen Traum erfüllt« hat.

Hunderte von Smokings in der klassizistischen, gelb angestrahlten, altehrwürdigen Casa do Machado de Assis, und unter ihnen die grünen Uniformen der Unsterblichen. Diese trägt nun auch Coelho.

Da hier aber jeder seine wilde Vergangenheit kennt – Drogen, Knast, Irrenanstalt –, wirkt die Robe wie ein Hippiefrack. Dazu sein grauer, gestutzter Bart, die grauen Schläfen und hinten ein kleiner grauer Haarschwanz. Er schlängelt sich über den bestrassten Kragen. Das ist auf der Großbildleinwand draußen im Garten deutlich zu sehen. Und dadurch bekommt der ganze Salon etwas Irrwitziges und die Unsterblichen sehen aus wie Sgt. Pepper's Lonely Hearts Club Band.

»Er hat mal bei mir gepennt«, sagt Harold, der Oboist, halblaut. »Er ist ein cooler Typ«. Will sagen: Er gehört zu uns. Coelho redet drinnen im Prachtsaal von der Kanzel herab zu den Unsterblichen, die auf krummbeinigen Stühlen sitzen und in ihren schwer behängten Fracks wirken wie eine Vollversammlung der Portiers des Hotel Sacher. Einige sind auf den Stock gestützt. Ein Expräsident ist darunter, allerdings auch genannter Schönheitschirurg. Wurde schon erwähnt, dass ein Sitz in der Akademie nicht nur mit literarischer Größe zu tun hat?

Das umwerfend förmliche Protokoll jedenfalls versöhnt. Es stammt aus jenen Tagen, als noch mit dem Federkiel geschrieben wurde. Und auch so gedacht wurde. Tatsächlich schafft es Paulo Coelho, der Star im Fernsehlicht, gleich im ersten Atemzug mit mildem Spott auf die menschliche Eitelkeit zu sprechen zu kommen. In den folgenden fünf Atemzügen zitiert er den Apostel Paulus, Vinicius Moraes, Gertrude Stein und Akademiemitglied Josue Montello, in einem taktisch gut durchdachten Formationsflug, der ihn zum Thema aller seiner Bücher trägt: der Liebe!

Coelhos Stimme ist samten und die Damen schmachten in der Tropenhitze. Suzie, die ein Esoterikmagazin herausgibt, murmelt hippiehaft: »Der bringt es.« Am Ende, so führt Coelho gerade aus, laute die Frage nicht: »Wie habe ich gelebt«, sondern: »Wie habe ich geliebt?« Suzie seufzt. Meine Frau seufzt. Alle seufzen, die in der Nähe stehen. In der anderen Ecke seufzen die Männer, weil es immer noch nichts zu trinken gibt, und Coelho spricht weiterhin von den Geheimnissen der Seele und man darf noch nicht einmal heimlich telefonieren, um rauszukriegen, ob Fluminense gewonnen hat.

Da fällt mein Blick auf einen »Bob's«-Fastfood-Laden jenseits der Gitter auf der anderen Straßenseite. Coelho ermuntert mich regelrecht. Er inspiriert. Er spricht über den »Guten Kampf«, den wir im »Namen unserer Träume« führen sollen. Lange Rede, kurzer Sinn: Zwanzig Minuten später sitze ich mit einer Wasserflasche und einer Sundae-Eis-Pyramide (Nussstreusel!) wieder im Garten der Akademie, wohin jene geflüchtet sind, die drinnen bei Coelho und seiner Lüsterpredigt sonst verglüht wären. Meine Frau schaut mich verliebt an, als ich die Wasserflasche aufschraube. Überhaupt guckt hier draußen keiner mehr auf die Leinwand, sondern alle auf meine Wasserflasche und kurz spüre ich, wie es ist, wenn man im Rampenlicht steht.

Und dann wird applaudiert. Coelho verneigt sich. Ein älteres Akademiemitglied überreicht ihm nun ein Schwert – die Akademie versteht sich als eine Art Ritterorden der portugiesischen Sprache. Coelho hat um genau dieses Kampfgerät gebeten, denn das hatte er auf seiner Wallfahrt in Spanien dabei, ein Samurai-Modell mit Troddel. Die Pilgerreise übrigens verarbeitete er zu dem Buch »Der Jakobsweg«, das wie alle anderen an die Spitze der Bestsellerlisten schoss.

Nachdem Coelho sein Schwert lächelnd entgegengenommen hat, tritt der nächste Unsterbliche auf ihn zu. Exstaatspräsident Sarney hängt ihm die Kette um und stutzt nur kurz, als er den grauen Haarkringel aus dem Nacken fallen sieht.

Die Gäste, die regelrecht ausgelassen auf das Ende des Zeremoniells warten, erstarren plötzlich, denn nun besteigt ein weiterer Unsterblicher die Kanzel und holt aus zu seiner Laudatio, einem langen, langen Zug durch die Wüste.

Und ich? Bin bereit zu schenken. Ich gebe mein Sundae her. Und meine Wasserflasche. Paulo Coelho hat mein Herz geöffnet, bis zur Fahrlässigkeit. Ich bin ein Krieger des Lichts und so sehr in Coelhos Bann, dass ich, nachdem die Reden gehalten und die Gläser gefüllt sind, ganz automatisch im Strom jener Gäste treibe, die sich vor dem Zugang zum französischen Salon formieren wie eine breit gefächerte Pfauenschleppe.

Drinnen, unter der Bronzebüste eines unsterblichen Längstgestorbenen – ist es Joaquim Nabuco? –, empfängt Coelho Gratulanten, in nur sparsamen Tröpfeln. Wie er dort steht mit seinem Bart und dem feinen Lächeln, sieht er erstens unsterblich aus und zweitens wie ein freundlicher Heilpraktiker. Coelho spendet Trost in diesen für die besseren Kreise doch eher bescheidenen Zeiten. Lula, der von ganz unten kam, wurde auch von Rios Salongesellschaft gewählt – er erhielt hier alberne, völlig übertriebene, *carioca*-theatralische achtzig Prozent der

Stimmen. Und das, nachdem zuvor die Parteifreundin Lulas, Benedita, als Gouverneurin zu achtzig Prozent abgelehnt worden war.

Doch die Lula-Euphorie ist schon wieder verklungen und macht der Zukunftsbangigkeit Platz: Schließlich war er ein Wie-Ex-auch-immer-Sozialist. Was kommt da auf uns zu?

Suzie, die Wahrsagerin, hat Tumulte in den Karten gelesen. Da ist ein Smalltalk mit dem Herzensphilosophen eindeutig Therapie! Die gepuderten Schultern stemmen, doch die Menge will einfach nicht vorwärts kommen. Durch die geöffnete Tür ist leicht zu erkennen, dass Coelho zu freundlich ist. Er nickt zu jeder Plattitüde und verausgabt sich, bevor es ernst wird in den tieferen Gesprächen, die er mit Leuten wie mir führen könnte.

Vor mir steht Theaterregisseur Gerald Thomas, der in Rio und New York und Hamburg wohnt. Gerade hat er als Schauspielchef der Kampnagel-Fabrik in der Hansestadt unterschrieben, Coelho ist ein alter Freund von ihm. Er wird ein Stück für ihn schreiben. Ob er seine Bücher mag? »Ich mag den Menschen und alles, was er verkörpert.« Coelhos Bücher sind offenbar nicht jedermanns Sache. Beziehungsweise, sie sind so eindeutig jedermanns Sache, dass sich Thomas, der deutsch-jüdische Avantgarderegisseur, lieber über anderes unterhält. Da er gleichzeitig Kolumnist des *Journal do Brasil* ist und einen Ruf als Skandalnudel zu verteidigen hat, beginnt er, den Bush-Hitler-Vergleich der ehemaligen deutschen Justizministerin zu rühmen. Aber da auch dieser Knochen schon ziemlich abgenagt ist und ihm hier kaum einer widersprechen würde, unterhalten wir uns über einen gemeinsamen Freund.

Draußen lungern die Abschlepper des Magazins *Caras*, einer Art brasilianischer *Bunte*. Sie sind missmutig, weil in dem Akademieauftrieb kaum Gesichter sind, die dem *Novela*-Publikum geläufig wären. Wer kennt schon den Bürgermeister von Rio? Oder Professoren? Gerald Thomas, der Avantgarderegisseur, ist bereits fotografiert, ihn kennt hier jeder. Ich lasse mir vom Unsterblichen Carlos Nejar erklären, warum die Akademie sich glücklich schätzen darf, Coelho in ihren Reihen zu wissen. »Ein wenig von seinem internationalen Glanz wird auch auf uns abfallen.« Nejar klingt wie ein glühender Fan – oder ein besonders sarkastischer Feind. Es ist ein Abend voller Ambivalenzen. Was Lulas Sieg für Brasilien bedeute? »Wir haben der Welt ein ausdrucksvolles Beispiel von Demokratie gegeben«, sagt Nejar. »Ein einfacher Arbeiter als Präsident!« So, wie er es sagt, klingt es tatsächlich unglaublich.

Es geht auf Mitternacht zu. Harold und Suzie ziehen uns ruckartig mit und dann wird abgesperrt. Wir sind die Letzten, die vorgelassen werden, die anderen werden fortgeschickt. Der Magier ist erschöpft in seiner schweren, grünen Sgt.-Pepper-Uniform. Er lächelt. Er lächelt so breit und so selig darüber, dass wir die Letzten sind, dass ich Frau und Freunde für ein Foto um ihn herum gruppiere. Und dann versagt die Kamera. Und Coelho ist plötzlich sehr müde und mit meiner ganzen Berufserfahrung spüre ich, dass er uns loswerden will. Dabei gibt so viel zu bereden. Über die Liebe und das Licht in uns, und die Fähigkeit, ein Eis herzugeben, das man selbst gern gegessen hätte.

Um ihn aufzuhalten, schieße ich eine Reporterfrage ab, die erste, die mir in den Sinn kommt. »Was sagen Sie zu Lulas Wahlsieg? Was bedeutet er für Brasilien?« Es ist eine so genannte offene Frage, das ist wichtig. Eine geschlossene Frage (»Hast du gut geschlafen?«) kann man mit »ja« oder »nein« beantworten, eine offene nicht. Was Lula bedeutet? Coelho ist nicht umsonst in die Akademie aufgenommen worden. Er hat schon tausende von Interviews gegeben, darunter so ziemlich allen meinen Freunden.

Was Lula bedeutet? »Risk«, sagt Coelho. »And hope«. Und noch ehe ich mich von dem Schock erholte habe – tatsächlich ist ihm eine nur dreisilbige Antwort auf eine offene Frage gelungen, das ist eine Art Zen-Rätsel, auf jeden Fall Weltrekord –, verabschiedet er sich und kurz darauf stehen wir wieder draußen unter den Lüstern. Risiko und Hoffnung! Fundamental.

Glückwunsch zur Unsterblichkeit, Paulo Coelho. Erst später wird mir bewusst, wie gut diese Antwort wirklich ist. Sie passt auf jede Menge offener Fragen.

Die sicherste Stadt der Welt

Wie ein Sprachlehrer einen Beamtenfeiertag erfand

Man kann Professor Antonios Illusionskunst an Rios »Tag der Wahrheit« nicht würdigen, ohne ein paar Erläuterungen zur stürmischsten Woche zu geben, die die Stadt seit langem verlebt hatte.

Rio wählte, Brasilien wählte! Es wählte den Präsidenten des Landes sowie die Gouverneure und Abgeordneten und Senatoren der Bundesstaaten. »Wähle Brasilien, die Stunde ist gekommen!«, hieß der allgegenwärtige Slogan. Gerade hatte die große Abschlussdebatte der Präsidentschaftskandidaten stattgefunden.

Gleichzeitig aber war der Krieg der Drogengangster eskaliert. Für Rio war die Lage so prekär, dass die Gouverneurin Bundestruppen zur Sicherung der Wahllokale anforderte.

Gerüchte kursierten. Sie kamen morgens mit den Arbeitern aus den Vorortzügen am Hauptbahnhof Central Brasil an und hatten sich danach in den Adern der Stadt in Windeseile ausgebreitet. Die Gerüchte besagten, dass das stadtbeherrschende Drogenkartell, das »Rote Kommando«, die Wahlen verhindern wolle, um eine weitere Demonstration seiner Macht zu geben.

Bereits Anfang der Woche hatten die Drogensoldaten mit einem »Tag der Angst« mit der Schließung von Kneipen und Geschäften und Schulen in einigen *favelas* und im Zentrum klar gemacht, dass sie die Stadt im Griff hatten und tun konnten, was sie wollten. Und was sie in jenem Moment ganz besonders nachdrücklich wollten, war, dass die großzügigen Besuchsregelungen für die im Zuchthaus einsitzenden Bosse wieder aufgenommen würden, jene Routinegänge eben, bei denen Handys, Laptops und Waffen übergeben werden können.

Die Besuche waren nach dem letzten Zuchthausmassaker kassiert worden. In einer schon legendären Metzelei war es dem einsitzenden Mafiaboss Beira Mar mit Hilfe seiner Adjutanten gelungen, die Paten zweier Konkurrenzunternehmen zu liquidieren, mit Benzin zu übergießen und zu verbrennen.

Und anschließend gab es jede Menge lachender Gangstergesichter in den Zeitungen und die Botschaft an den globalisierten Drogenmarkt: In Rio ist jetzt das Rote Kommando der alleinige Ansprechpartner.

Das also war die Lage, drei Tage vor der großen brasilianischen Wahl: Die Gouverneurin fordert Bundestruppen an, das organisierte Verbrechen droht den »Tag der Angst« an und die Gegenkandidaten punkten mit Scharfmacherparolen. Eine ganze Menge Hitze. Und dazwischen leben ein paar Millionen leicht genervte *cariocas* ihren Alltag, und einer der genervtesten ist sicher mein Freund, Professor Antonio.

Ausgerechnet an diesem »Tag der Angst« erwartete Antonio den wichtigsten Besuch der letzten Monate. In Professor Antonios Leben, das in einem sinnlosen Pendeln zwischen Melancholie und Überschwang verläuft, gäbe es bereits jede Menge Gründe für Durchhänger.

Er muss zum Beispiel davon leben, Auslandsdeutschen wie mir portugiesischen Sprachunterricht zu geben. Dabei hat er in Bonn über die Abtönungspartikel »ne« und »so« in Brechts dramatischem Werk promoviert, das heißt, er spricht schon Deutsch besser als ich! Aber in einem brasilianischen Hochschulsystem, in dem bisweilen Putzfrauen besser bezahlt werden als Wissenschaftler, ist er zu solchen Jobs gezwungen.

Nun hatte Professor Antonio diesen neuen Klienten an Land gezogen. Mich hatte er schon vor längerer Zeit, nach beiderseitigem Einverständnis, abgebucht unter den hoffnungslosen Fällen. Seitdem leidet er nur noch in unserer gemeinsamen Freizeit darunter, wie ich den portugiesischen Subjunktiv zu Staub zermalme.

Der neue Klient, der für ein großes deutsches Unternehmen in Brasilien tätig sein wollte, war bei Professor Antonio zu einem Sprachintensivkurs angemeldet, vierzehn Tage nonstop. Er sollte dafür in der Pension nebenan einquartiert werden. Ein sympathischer Bursche, ein Batzen Geld. Jung, hoffnungsvoll – allerdings ein wenig angstnervös. Schon in den Monaten zuvor war er beunruhigt über das, was er über die Sicherheitslage Rios gelesen hatte, auch aus meiner Feder. Antonio verfluchte mich.

Eine Absage hätte für ihn eine mittelschwere Katastrophe bedeutet. Er hasste mich für meine, wie er es nannte, »Panikmache«. »Was, wenn der Kunde abspringt?«, fragte er mich wütend. Seine Frau wünschte sich eine neue Küche, er einen leistungsstärkeren Computer, die Liste war lang.

Doch nicht nur deshalb. Professor Antonio hat sich, wie die meisten dieser sonnigsten Stadtbevölkerung der Welt, entschlossen, sich immer nur kurz zu empören, um sich dann so schnell wie möglich wieder auf die schönen Seiten des Alltags zu besinnen, die aufzuzählen man gar nicht aufhören kann. Und eines kann er, wie viele *cariocas*, überhaupt nicht ausstehen: Kritik in ausländischen Zeitungen.

Man seziert die eigenen politischen Miseren erbarmungslos – aber Kritiken aus dem Ausland, da werden die Reihen geschlossen. In den vergangenen Wochen hatte Professor Antonio den Kunden in überschwänglichen E-Mail-Depeschen beruhigt. Alles sei übertrieben, »Kommen Sie mal ruhig, Sie werden nie wieder wegwollen.« Und dann kam der Kunde.

Am Morgen des Terrortages, Anfang jener Woche. Antonio, der nichts ahnte, hatte den Kunden am Flughafen abgeholt. Ein wenig hatte er sich über den spärlicher werdenden Verkehr gewundert, der doch eigentlich in diesen Morgenstunden hätte zunehmen müssen. Aber er war abgelenkt.

Er hatte dem Kunden auf dem Weg nach Hause in aller Ausführlichkeit und gespickt mit euphorischen Schiller-Zitaten auf jene beiden Fragen befriedigende Antwort gegeben, die jeder Besucher stellt, der in Rio landet: »Wie steht's a) mit dem Wetter und b) mit der Sicherheit?« Nur dass der Kunde sofort nach b) fragte.

Antonio warf die Hände in die Luft und rief: »Sie sind hier so sicher wie in Liechtenstein!« Die Regierung greife durch und man müsse ja nicht unbedingt mitternachts an den Strand, nicht wahr, haha!, da sei es in den Kneipen doch viel gemütlicher.

Dann betrat er, den Gast im Schlepptau, seine Wohnung und hörte den Anrufbeantworter ab. Seine Frau war drauf. Viermal.

Antonio solle die Wohnung nicht verlassen. Gerade hätten die Emissäre des Roten Kommandos Kneipenbesitzer und Ladeninhaber zum Ausstand genötigt. In der Innenstadt seien dreißigtausend Militärpolizisten zusammengezogen worden. Man sollte vor dem TV-Gerät sitzen bleiben, Professor Antonio also hörte all das, was er an diesem Morgen nicht hören wollte.

Er hätte seinem Schüler die Sicherheitssituation gerne irgendwann ausführlicher erläutert, aber erst am Ende einer mehrwöchigen, kostenintensiven Unterrichtseinheit – bis dahin wäre er ja an seiner Seite gewesen. Es sind solche Situationen, in denen Professor Antonio zur Höchstform aufläuft. Er zitiert Klassiker. Er erklärt das brasilianische Wesen. Er strotzt vor Harmlosigkeit. Er verwandelt sich in einen jener Spieler, ohne die Eric Amblers Krimis nicht funktionieren würden.

Den Gast drängte es hinaus, ans Licht, er wollte zum Bankautomaten, dann auf die Viera Souto, Ipanemas Strandpromenade. An diesem Morgen sah Ipanema tatsächlich ungewöhnlich aus. Nur das Meer war wie sonst. Blaugrün, mit ein paar tausend Diamanten. Ansonsten nichts – auch keine Fußballspieler. Gar nichts. Alles menschenleer. An den Straßenecken Polizeitrupps. Man kennt das aus diesen Nicaragua-Filmen mit Nick Nolte. In Ipanema! Das ist die neue Qualität des Terrors in Rio: Bisher blieben Machtdemonstrationen der Parallelgewalt auf die *favelas* beschränkt. Doch nunmehr, seit Antritt der redlich-linken Übergangs-Gouverneurin, hat der Terror die bürgerlichen Wohngegenden erreicht. Zuerst Tijuca in den Bergen. Und nun das piekfeine Ipanema am Strand.

Der Gast, in dieser schwerelosen Übermüdung nach einem Nachtflug, in der man fahrlässig und arglos wird, erkundigte sich verwundert über die verriegelten Kioske und Geschäfte.

»Ach«, rief Antonio überschwänglich, »hab ich ganz vergessen, heute ist ja der Tag des Beamten!«

Und er knüpfte daran eine weitschweifige historische Betrachtung über den erfundenen Feiertag, die blutigen Barrikadenkämpfe, mit denen er einst errungen werden musste, eine halbe Jorge-Amado-Novelle, in der es plötzlich auch um Liebe ging und aromatisch duftete.

»Ein Tag der Freude«, schloss Antonio enthusiastisch und der Gast nickte beglückt. Wer so einen Zirkus um Beamte macht, mag er gedacht haben, ist uns Deutschen nicht fremd. Und die Straßen sind sauber. So ist er wohl, der Brasilianer. Wie ein Deutscher. Nur dass er besser aussieht und besser tanzt. Mit einem Wort: Hier zu leben ist das Paradies. Besonders für Deutsche. Tag der Beamten! Verrückte Idee! Sie müssen halt immer irgendwas feiern, die Brasilianer.

Dann fiel sein Blick auf die Polizeitrupps. »Das ist ja wirklich alles sehr sicher und ordentlich hier«, sagte er mit leichter Verwunderung. Vielleicht sogar schon mit einem schattenhaften Anflug des Zweifels. »Ich habe es Ihnen doch gesagt«, rief Antonio, dem nicht entgangen war, dass sich die Kellner hinter dem Fenstervorhang einer geschlossenen *churrasceria* versammelt hatten und ängstlich hinausschielten.

»Es ist sicher wie in Liechtenstein.«

»Ich wusste gar nicht, dass Liechtenstein so viel Polizei hat.«

»Das brauchen sie dort wegen der ganzen Banken«, sagte Antonio, der auf alles Antworten hat. Es gab an diesem Tag noch einige schwierige Klippen zu umschiffen, wie er mir später erzählte. Etwa die Schäferhundestaffel vor den Eingängen des 24-Stunden-Supermarktes »Rio Sul«, der vernagelt und verriegelt war.

Der Gast war völlig verwirrt. »Die machen

Revision heute«, kommentierte Antonio so lässig wie möglich. »Die Schäferhunde gehören zur Standardnummer bei so was.« Der Gast war beeindruckt. »Da können ja unsere noch was lernen«, sagte er mit Nachdruck. Als sie später am Arpoador, dem berühmten Ipanema-Felsen, noch einen Drink nahmen, waren sie, so der Professor später, »umringt von den übelsten Vorort-Teenager-*favelados*, die du dir nur vorstellen kannst«.

Und alle grölten »ta dominado, tudo dominado«. In anderen Worten: Wir Verbrecher regieren die Stadt, wir haben alles im Griff! Gerade war sich der Gast darüber ergangen, wie sehr doch das Sensationalistische in den Journalismus Einzug gehalten hätte und dass man heute schon mit eigenen Augen hingucken müsse, um sich ein »objektives Bild« zu verschaffen.

Diese lachenden Kindergesichter hier, zum Beispiel, diese harmlose Lebensfreude, und auch sie, obwohl arm, hier in Ipanema. »Was singen die da eigentlich«, fragte er unvermittelt.

Ohne auch nur einen Moment zu zögern – und das beweist seine Klasse –, erklärte Antonio mit leuchtenden Augen: »Sie feiern ihren Fußballverein. Sie freuen sich, weil er gewonnen hat. Sie wissen ja, hier ist Fußball einfach das Wichtigste.«

Und das ist das Schöne an einem solchen »Tag der Wahrheit« in Rio – dass es tausende Wahrheiten gibt, unter denen sich Professor Antonio diejenige herausgefischt hat, die am brauchbarsten schien. Und der Gast? Er hat den Tag – ist das nicht wundervoll?! – in kompletter Angstfreiheit erlebt.

Tatsächlich: Ein paar Tage vor der großen Wahl und der Zitterpartie darüber, was sich die Drogenbosse einfallen lassen würden, zauberte Professor Antonio Liechtenstein nach Rio. Und war es nicht, mit diesem Polizeiaufgebot, für ein paar Stunden tatsächlich so sicher? Es hat funktioniert. Ausgerechnet vom Niveau der öffentlichen Sicherheit war der Gast aus Deutschland beeindruckt.

Als er am andern Morgen nach Hause telefonierte, hörte Antonio Kaskaden der Begeisterung. »Wie Liechtenstein! Schäferhunde bei der Revision! Saubere Straßen. Beamtentag!« – »Wollten die mir alles gar nicht glauben«, sagte der Kunde anschließend beglückt.

»Wissen Sie«, seufzte der Professor, »es ist doch so, dass sich gute Nachrichten heutzutage gar nicht mehr verkaufen. Selbst der *Spiegel*, ich kenne da einen … es muss immer das Negative sein.« Dann ging es hinaus, einem weiteren, sonnendurchfluteten Ipanema-Alltag entgegen, voller Blumen und Gerüche und Gelächter und Sambas, mit dem Blick auf die tausend Diamanten im Meer. Einer dieser Tage, in denen man durchs Leben segelt.

Die letzten Hürden, die der Professor an diesem Morgen zu nehmen hatte, bestanden in den Kiosken. Die Zeitungen sahen uniform aus. Alle hatten Zeilen wie »Stadt in Angst« und »Furcht«

und »Panik« in drei Meter hohen Lettern auf der Titelseite.

Schwungvoll war der Professor an drei Kiosken vorbeimarschiert, während er den Schüler in Gespräche über dessen Cousine in Dortmund verwickelte. Doch am vierten blieb der Kunde hängen.

»Was heißt ›medo‹?« fragte er. »Furcht«, sagte der Professor. »Furcht wovor?« fragte der Kunde. »Hmm, keine Ahnung«, sagte der Professor gleichmütig: »Vielleicht vor dem Krieg im Irak?«

Cops und Gangster

Tödliches Finale

Wäre Rio noch einer jener alten Abenteuerfilme in Technicolor, könnten seine Probleme durch diesen Mann gelöst werden. Starkes Kinn, gerader Blick, Nichtraucher. So einer springt aus dem Helikopter ins Rennboot, um im letzten Moment die Bombe zu entschärfen, die auf die Palmen der Copacabana zurast. Das alles im Anzug. Einen Doktortitel hat er auch noch: Dr. Alvaro Lins, 33 Jahre alt.

Er ist der neue Polizeichef, ein Spitzenermittler in Sachen Geldwäsche und Entführungen, und er ist aufgeweckt genug, um das ganz andere Kino gut zu finden. »Traffic« zum Beispiel, den tristen Doku-Thriller, der zeigt, dass der Kampf gegen die Drogen nicht mehr zu gewinnen ist. »Dieser Film ist Rio heute.« Einer ohne Happyend.

Seit den achtziger Jahren spült die Milliardenbranche Waffen und Verrückte und Tote um den Globus. Schon stabilere Demokratien kommen dabei ins Wanken, der schwindsüchtigen brasilianischen dagegen haut sie die Beine weg. Rio ist fest im Griff der verfeindeten Mafiabanden »Comando Vermelho« und »Terceiro Comando« und der Brutalisierungspegel steigt täglich. Das ist die Ausgangslage.

»Sollte man den Mist nicht endlich legalisieren, um der Mafia das Geschäft zu nehmen?« Lins nickt unmerklich. Seine Augen bleiben grau und kühl. Das Kino zeigt, was er nicht sagen darf.

Drogen finanzieren Waffen, und Lins, der vierte Polizeichef in vier Jahren, sitzt auf einem Pulverfass. Acht Stockwerke unter ihm, in der Kripozentrale von Rio de Janeiro, liegt diese Tropfsteinhöhle aus Eisen und Stahl mit rund zweihunderttausend beschlagnahmten Pistolen und Gewehren, in verstaubten Pyramiden oder frisch hineingeschwemmten Bündeln, durch die man hüfthoch steigt – Ablagerungen aus Mord und Totschlag.

Die israelische Jericho, die Kalaschnikow, die argentinische Busa – die Global Economy des Verbrechens. Keiner schafft es noch, diesen tödlichen Schrott zu katalogisieren. Allein im letzten Jahr wurden 10.332 Waffen kassiert, mehr als je zuvor und genug, um die gesamten Polizeikräfte Venezuelas auszurüsten. Und jeder weiß: Das hier ist nur ein Bruchteil. Rio ertrinkt in Waffen und die allermeisten davon sind in den falschen Händen.

»Früher hat man Autos kurzgeschlossen und geklaut«, sagt Lins. »Heute halten dir Sechzehnjährige an Ampeln die Knarre an den Schädel, und oft drücken sie ab.« Die Zahl der Raubmorde hat sich im letzten Monat verdoppelt. Eine Stadt lebt in Angst, und Lins soll sie ihr nehmen.

Die Angst ist unsichtbar und totalitär. Sie ist eine ständige Menschenrechtsverletzung, um die sich kein Aktionskomitee kümmert. Sie schreibt dir vor, was du tun darfst und was nicht, und spätestens mit dem ersten Überfall am Strand hast du sie eingefangen wie einen Virus.

Die Gefahr lässt sich nicht gettoisieren wie etwa in New York. In keiner Stadt der Welt sind Armenhütten und Paläste, Edelmut und Elend, Liebe und Tod so verschränkt wie hier: wie die Finger zweier Hände.

Sicher, der Mensch ist das Lebewesen, das verdrängen kann. Du gibst nachts an roten Ampeln Gas und du verdrängst. Du hörst von dem Gangster, der seine Opfer mit Pistolenschüssen durch die Füße stigmatisiert und zurücklässt wie Visitenkarten aus der katholischen Hölle – und du verdrängst. Ein angeschossener Autofahrer rast nachts an deiner Haustür vorbei, auf der Flucht vor Banditen – und du verdrängst.

Doch dann passiert dieser eine Mord, nur einer von fünftausend jedes Jahr, und du schaffst es nicht mehr. Zwei Banditen, die in Santa Theresa, dem charmanten Boheme-Viertel auf dem Hügel, die Logopädin Marcella in ihrer Wohnung überfielen. Sie vergewaltigten sie und ihre dreizehnjährige Tochter, während Sohn und Exmann, beide gefesselt, im Nebenzimmer lagen. Schließlich enthaupteten sie die Lehrerin.

Die Beute für die Gangster: 250 Euro. Unter ihnen war der achtzehnjährige babygesichtige

Alan, der wochenlang für Marcella gearbeitet hatte; während er sie massakrierte, brüstete er sich damit, Killer der Mafia »Rotes Kommando« zu sein.

Dieser Mord hat es tatsächlich geschafft, die Korruptionsspektakel mittelmäßiger politischer Pfauen von den Titelseiten zu verdrängen. Rios Tänzer sind aus dem Tritt geraten. Leitartikler fordern eine Diskussion um die Todesstrafe und du rufst mit allen anderen nach einer starken Polizei, nach einem Supermann, vielleicht nach einem wie Alvaro Lins.

Und dann wirst du erst recht nervös, denn im Ernstfall weißt du nicht mehr, wen du vor dir hast: den guten oder den bösen Cop.

Noch in den siebziger Jahren schlich man mit einem Schauder an der düsteren Polizeizentrale vorbei, denn man wusste, dass in ihren Kellern die Gegner der Diktatur gefoltert wurden. Dreißig Jahre später wünschen sich manche zurück in den totalitären Staat, weil sie das totalitäre Verbrechen nicht mehr ertragen.

Doch unter den rund dreißigtausend Militärpolizisten und zehntausend Zivilen sind viele, die das Schlechteste zweier Welten beerbt haben: die Brutalität der Diktatur und die kriminelle Selbstbereicherungsanarchie einer zerfallenden jungen Demokratie. Ein Höllencocktail.

Polizisten kontrollieren den Transenstrich in Lapa und sie verdienen als Fluchthelfer aus den Gefängnissen. Sie greifen mit »privaten« Verkehrskontrollen Autofahrer ab. Sie kidnappen, sie hehlen mit geklauten Autos, sie verdealen beschlagnahmte Drogen. Menschenrechtsorganisationen machen mobil, denn Rios Polizei ist die tödlichste der Welt. Bei ihren Einsätzen kommen auf einen Verwundeten drei Tote, üblich ist das umgekehrte Verhältnis.

Doch auch das ist richtig: Es sind Polizisten, die korrupte Kollegen verhaften, und es sind Polizisten, die bei ihren Razzien gegen durchorganisierte Gangsterarmeen antreten müssen. »Die sind weit besser ausgerüstet als wir«, sagt Lins. »Alle vier Tage beerdigen wir einen von uns.«

Und täglich werden doppelt so viele Gangster ausgebildet wie Polizisten. Lins weiß, wovon er spricht, er hat das Zuchthaus Polinter geleitet. Wer da rauskommt, ist zur Mordmaschine frisiert: Allein im letzten Jahr starben neunzig Beamte.

Es ist Krieg in Rio de Janeiro und an der Front lösen sich die Unterschiede zwischen Verbrechen und Verbrechensbekämpfung fast zwangsläufig auf. Man braucht sehr gute Augen, um in diesem Halbdunkel das eine vom anderen zu unterscheiden.

Die Polizeiwache 59 A in Rios Baixada Fluminense ist ein schäbiger dreistöckiger Klotz mit Bauschutt hinterm Eingangsportal und ein paar sichergestellten Automotoren im Flur. Der Beamte am Nachtschalter quält eine alte Schreibmaschine mit zwei Fingern, tack-tack-tack, wie kleine Schüsse, die in Notwehr abgegeben werden gegen die lärmende barfüßige Klientel vor dem Fenster.

Man sieht den Protokollen an, dass sie bereits in dem Moment vergessen sind, in dem sie aus der Maschine gezogen werden – die Aufklärungsquote liegt unter zwei Prozent. In der Baixada wird so schnell getötet wie im kolumbianischen Cali, und zu neun von zehn Morden fehlt jeder Hinweis.

In der Baixada grassiert die Lepra und im endlosen Gewirr schlecht verputzter Schuhschachteln wird mit allem gedealt: mit Mädchen, mit geschützten Vögeln aus dem Pantanal, mit Drogen sowieso. Kokainpate Beira-Mar hatte in der Baixada seine Waffenlager, aus denen er die kolumbianische Farc-Guerilla belieferte, und die Polizisten haben von allen in Rio den miesesten Ruf – Sicherheitschef Quintal verdächtigt sie, mit den Autoschiebern zusammenzuarbeiten.

Wer in der Baixada Dienst schiebt, hat Überleben gelernt. Delegado Ronaldo etwa, der seit fünfunddreißig Jahren dabei ist. Jetzt ist er dreiundsechzig und kann »einfach nicht aufhören«. Sein Zimmer ist Luxus. Es hat einen Fernseher, der auf Fausthiebe reagiert, und eine Kunstledercouch, auf der er sich ausstrecken kann – die anderen schieben sich Tische zusammen.

Ronaldo trägt ein zu enges dotterfarbenes Hemd, eine schreiende Krawatte und er spricht langsam, denn ein Tumor hat ein hühnereigroßes Loch in seinen linken Kiefer gefressen. Ab und zu steht er auf, um seinen Mund auszuspülen.

»Wie geht es euch Deutschen nach Hitler?«, fragt er mitfühlend. Immerhin, meint er nach einem Blick in die entgeisterten Gesichter, gab es damals wohl Ordnung und Arbeit für alle und vor allem keine Kriminellen. Eine kaputte Neonröhre zuckt, sein Gesicht ist bleich und seine Augen sind müde, denn sie haben ein Leben lang in den Schmutz gestarrt. »Hitler war Idealist«, sagt er, und dann spült er wieder den Mund.

Die Nachtschicht hat gerade begonnen und vor Ronaldos Tisch sitzt Delegado Luiz Torres, sein Freund vom Nachbarrevier, mit einer Checkliste. Die neueste Anordnung von oben, von Lins – nun sollen sich die Chefinspektoren gegenseitig kontrollieren. »Zur Hebung der Moral«, sagt Luiz achselzuckend, »eine pädagogische Maßnahme.«

Also, wie sieht es aus mit der Anwesenheitsliste? Mit Funkgeräten, Bewaffnung, Gefängnisbelegung? »Zur Zeit sitzen 381, heute Nacht werden wir die 390 schaffen.« Geplant war der Knast mal für hundert, aber was taugen schon Pläne. »Von mir aus können die da oben so viel kontrollieren, wie sie wollen, das ändert meine Arbeit kein Stück.«

Die Nacht beginnt mit einem kleinen Aderlass – drei Jugendliche müssen auf richterliche

Anordnung entlassen werden, da sie die Waffen und das Kokain bei ihrer Festnahme nicht am Körper trugen. Der Delegado lässt sich zum Knasttrakt durchschließen, wo bereits ein Anwalt mit den Papieren wedelt.

Vor der Wache warten Freundinnen, Teenagerbeauties mit harten Piranha-Augen und knappen Tops, und im Imbiss gegenüber wird der Knastfraß weggespült. Sie lassen sich feiern wie Helden. »Die sind bald wieder hier«, sagt Delegado Ronaldo.

Kurz darauf fliegt die Tür auf. Ein Trupp Militärpolizisten stößt den zwanzigjährigen Dealer Carlos Eduardo in den Raum, ein ausgemergeltes, barfüßiges Straßenkid in Shorts. Sein linkes Auge ist geschwollen. Die Konterbande – 54 Briefe Kokain, 59 Beutelchen Marihuana – wird auf dem Tisch ausgebreitet. Dazu eine komplette Telefonliste.

Er sei erst seit zwei Wochen im Geschäft, behauptet Carlos, und Ronaldo scheint ihm zu glauben – nur ein Neuling kann so bescheuert sein und sich mit Kundenliste verhaften lassen.

Er wird Carlos in den Gefängnistrakt schieben lassen wie in einen überfüllten Frachtraum, und die Welt wird danach keinen Deut besser aussehen. Natürlich ist Ronaldo für die Freigabe von Drogen. »Vielleicht gibt es dann ein paar süchtige Kinder mehr – aber Tausende werden jedes Jahr getötet, die nichts mit Drogen zu tun haben.«

Es regnet pausenlos und die Polizeiwache 59 A erlebt eine Nacht wie jede andere. Das hier ist kein Bollwerk gegen das Unrecht, sondern eine Notstation. Mit glänzend nassen Gesichtern und durchweichten Uniformen stürzen die Beamten in den folgenden Stunden mit immer neuen Fängen herein, wie Fischer eines Kutters, der auf einem Meer des Elends treibt.

Sargent Goncalvez vom 15. Bataillon hatte Carlos mit seinen Männern in der Favela Dungue aufgegriffen. Im Regen war die Sicht schlecht, es kam zu Schusswechseln. »Die anderen sind abgehauen.« Wie viel er verdient? Der Sargent kramt seinen Gehaltszettel raus. 371 Euro. Warum er dafür sein Leben riskiert? »Weil ich verrückt bin«, sagt er und lacht schallend. Er hat zwei Kinder und seine Frau hat so gut wie jede Nacht Angst um ihn.

Während er die Festnahme zu Protokoll gibt, sorgt frisches Elend für Abwechselung. In den Verhörraum stolpern der kleinwüchsige Fernando und die voluminöse Luiza. Fernando wollte es sich von Luiza besorgen lassen, ein Blowjob für drei Euro, bis er gemerkt hat, dass Luiza ein Kerl ist. Jetzt will er sein Geld wieder haben. Der MP, der die zwei aufgegriffen hat, nickt mitfühlend. Zum Zeitpunkt der Festnahme hatten die beiden sich bereits an der Gurgel, mit eindeutigen Punktvorteilen für Luiz.

Dass das Recht wichtiger ist als Brot und dass die schlechteste Polizei immer noch besser ist als gar keine, das begreift man auf Wache 59 A. Der dreizehnjährige Roberto ist mit seinem Vater zur Zeugeneinvernahme erschienen.

Dieser Typ dort, gefesselt auf einer Bank im Flur, hat ihm seinen 22er-Revolver vors Gesicht gehalten und das Mofa geklaut.

Roberto ist blass vor Angst und Wut. Noch vor drei Stunden hat er in eine tödliche kleine Mündung gestarrt. Was mit dem Räuber passieren soll? Scheu schaut er hinüber. »Er sollte nie wieder rauskommen dürfen.« Was er von der Polizei hält? »Sie ist die beste der Welt.«

Der Täter sitzt in der Zwischenzeit grinsend auf einer Bank und erzählt dem Delegado von einer unglücklichen Kindheit. Er trainiert fürs Jugendgericht und wird mit Bewährungsauflagen bald wieder auf der Straße sein. »Die Knarre, die wir ihm abgenommen haben, ist gemein«, sagt der MP, der ihn gestellt hat. »Kleinkalibrige Geschosse wandern im Körper, man kriegt sie schlecht raus.«

So geht es weiter, Stunde um Stunde. In ermüdender Routine wirft die Mannschaft von Wache 59 A die Netze aus und dann wird an Deck gezogen, was die Nacht an Drogendealern und Autoknackern und Mördern hergibt, an Verzweifelten und angeschlagenem Lebensschrott, und es gibt keine Erlösten auf dieser Wache, nur gemeinsam Verdammte auf einem Totenschiff.

Am frühen Morgen wird es ruhig. Delegado Ronaldo kramt sein kariertes Kissen aus dem Spind und spült ein letztes Mal seinen Mund aus. Korruption? »Natürlich gibt es die«, sagt er. Politiker sind korrupt, Richter sind es, selbst im Fußball wird bestochen. Jeden Tag liest du so was in der Zeitung. Jeder bereichert sich. Und da soll der kleine Polizist nicht die Hand aufhalten? Der Delegado zuckt mit den Schultern. »Was erwarten Sie?« Nichts wird sich ändern, nie, in dieser endlosen Nacht.

Ohne Hoffnung allerdings kann keine Gesellschaft leben, und Hoffnung ist das Geschäft der Politik. Mit dem Versprechen auf Sicherheit und Polizeireform wurde Rios Gouverneur Garotinho vor drei Jahren ins Amt gewählt, und das Programm dafür hatte Luiz Eduardo Soarez entworfen.

Dass der Mensch gut ist und die kapitalistische Gesellschaft schlecht, gehört zu den Grundüberzeugungen der Linken. Soarez, der linke Anthropologieprofessor, zog ihr eine zweite metaphysische Weisheit bei, nämlich dass der Mensch auch böse ist und dass man die Gesellschaft vor ihm schützen muss.

Es ist wichtig, für eine gerechtere Gesellschaft zu kämpfen, aber es wäre auch prima, wenn dir auf dem Weg dahin nicht die Handtasche geklaut oder der Kopf weggeblasen würde. Früher hat Soarez die Junta bekämpft. Heute kämpft er für eine effiziente Polizei.

Die Hoffnung unter Soarez bekam einen Namen: »Nova Policia« wurde auf die Autos gepinselt und die typische, heruntergekommene Rio-Wache sollte umgewandelt werden in eine »Delegacia Legal«.

Tatsächlich gab es bald die ersten Modellstationen mit Aircondition und Empfangstheken wie in einem Handyladen. Die Leute sollten gern zu ihren Revierpolizisten kommen, und auch die wurden besser behandelt – nun gab es Schreibkräfte und Pritschen für den Nachtdienst, eine Abkoppelung der Gefängnisse, und vor allem Computer, die die vorsintflutlichen Ablagesysteme ersetzten. Ein Feelgood-Programm.

Doch bald wurde klar, dass es Soares nicht bei Pinselstrichen und neuen Autos bewenden lassen wollte. Er forderte das System heraus. Er führte ein strenges Kontrollsystem der Delegacias ein, die bis dahin wie unabhängige kleine Fürstentümer operiert und teilweise Zigtausende an Schutzgeldern bei Puffbesitzern und Hehlern eingetrieben hatten. »Delegacias wurden verhökert wie Pfründe«.

Korrupte Polizisten wurden angeklagt oder verließen von sich aus den Dienst. Soarez schuf ein Netz von Vertrauensleuten für seinen Kampf. »Das ging gut, bis ich dem Gouverneur beweisen konnte, dass die Korruption der Polizei bis in die Spitze reichte.«

Soares war auf eine *banda podre,* eine konspirative Clique, gestoßen, die in Entführungen und Drogenhandel und Waffenschmuggel verstrickt war. Er ging damit an die Öffentlichkeit. Der Gouverneur reagierte sofort – er schmiss Soares raus. Er kündigte ihm während eines TV-Interviews und ernannte ausgerechnet einen derjenigen, die Soares im Fadenkreuz hatte, zum neuen Polizeichef.

»Das war hohe politische Kunst«, sagt Soares sarkastisch. »Wenn du es mit einem Gegner nicht aufnehmen kannst, mach ihn dir zum Freund.« Der neue Chef musste zwar bald unter Korruptionsverdacht zurücktreten, aber das Erneuerungsprogramm geriet ins Stolpern.

Doch das Stolpern, so Soarez illusionslos, ist die Fortbewegungsart jeder Reform. Vorerst hat er sich zwar nach Porto Allegre in Sicherheit gebracht und ist »aus Gründen des politischen Schutzes« in die linke PT eingetreten, doch irgendwann wird er den Kampf um Rio wieder aufnehmen. Und er weiß, er ist nicht alleine.

Mittlerweile gibt es 23 seiner »Delegacias legais«. Eine davon ist gerade im neonsprühenden Gavea eröffnet worden, viel Glas und Helligkeit und strahlend blaue Designertresen, so modern wie die Bars ringsum. Ihr Revier umfasst sowohl den Villenhügel in Alto da Boa Vista wie die Rocinha, die größte *favela* Lateinamerikas, und ihr Chef im Nachtdienst ist Delegado Luiz Zettermann.

Zettermann weiß längst, dass es nicht die Armut ist, die Kriminelle produziert – rund ein Drittel aller Morde durch Jugendliche geht auf das Konto von Mittelstandskids, von denen also, die die Discos in seinem Revier frequentieren. Von Bürschchen mit Bartflaum und Designerklamotten, die töten, um ihre Handys zu finanzieren, oder auch einfach nur aus Spaß. »Nicht Armut macht kriminell, sondern Leere.«

Über die Jahre ist Zettermann zum Philosophen geworden: »Dreck bleibt Dreck, egal wie er sich anzieht.« Und dann noch diese weitere Weisheit: »Du kannst gegen das System nur gewinnen, wenn du ehrlich bleibst.«

Sein Sieg sieht auf den ersten Blick fürchterlich aus. Da er sich die Mieten in der Nähe der Wache nicht leisten kann, wohnt er weit draußen im Norden der Stadt. Klumpfüßige Möbel, ein winziger vergitterter Balkon, da Vincis Abendmahl als Teller an der Wand. Seine Karriere ist ein Pappkarton mit vergilbenden Zeitungsausschnitten, die über aufregende Ermittlungserfolge eines jungen Juristen und Inspektors in der Provinz berichten. Die Schlagzeilen werden größer, als er befördert wird und sich mit den Glücksspielsyndikaten anlegt. Dann wird der Tonfall gehässig und schließlich tröpfeln nur noch Randnotizen über einen Prozess und Wiedergutmachungen.

Zettermanns Fehler? Er war der Sonne zu nahe gekommen. Er hatte Mafiosi zugesetzt, die einen kurzen Draht zu Abgeordneten hatten. »Du kannst dir nicht vorstellen«, gestand ihm der damalige Polizeichef Helio Luz später, »wie viele Bitten ich bekommen habe, dich abzuziehen.«

Als Helio Luz irgendwann genervt das Handtuch schmiss, wurde es für Zettermann eng. Er stolperte in eine der Fallen, die man Polizisten legt, die zu neugierig sind. Ein offensichtlich bezahlter Kleinkrimineller bezichtigte ihn der Korruption.

Letztes Jahr wurde er in allen Punkten rehabilitiert und die Staatsanwältin, die ihn erlegen sollte, bekam ein Disziplinarverfahren. »Ich hatte sie verärgert, weil ich mich gegen die Beförderung ihrer Freundin ausgesprochen hatte.« Nun hat er diese Delegacia angeboten bekommen. »Ein neuer Kampf«, sagt er. »Das hat mich gereizt.«

Plötzlich wird klar, was er mit dem Sieg gegen das System meint. Diese Wohnung, diese durchgesessene Couch, diese armseligen Schmuckteller und zerschlissenen Bücher, dieser ganze Krempel schreit: Ich habe nie die Hand aufgehalten.

Zettermann ist nicht mehr jung, das Haar lichtet sich und sicher hat er Probleme mit seinem Gewicht, doch an einen wie ihn muss Raymond Chandler gedacht haben, als er seinen Helden beschrieb: »Durch diese schäbigen Straßen muss ein Mann gehen, der selber nicht schäbig ist.« Ein Mann von Ehre, ehrlich aus Instinkt.

Tugend als Millimeterarbeit, als tägliche unbeirrte Plackerei – wenn es eine Chance für Rios Polizei gibt, dann liegt sie nicht bei den Superbullen und grandiosen Masterplänen, sondern bei unscheinbaren Typen wie Zettermann.

Hat Zettermann nicht Angst? »Angst müssen die haben, die unehrlich sind«, sagt er. »Die werden von allen Seiten bedroht, ich nur von vorne.«

Eines seiner Zimmer hat er mit Teppichböden ausgenagelt und zum Tonstudio ausgebaut.

Da sitzt er nach Dienstschluss und bearbeitet sein Keyboard und komponiert seine Balladen. Sie handeln von seiner Arbeit. Von Toten, die im Straßenschutt liegen, von dem kalten Wind, der im Morgengrauen durch die Seele geht. Von Kindern, die töten lernen, bevor sie schreiben können. Und von den Kartellen der Mächtigen mit ihren Telefonen.

Die traurigste Ballade heißt »Unser Land«. Der Refrain lautet: »Eines Tages wird es genauso aussehen, wie wir es uns erträumt haben.«

Der Song ist traurig, weil der Weg dahin endlos scheint und gefährlich, denn er führt ganz sicher über Männer wie Cabela. Er erwartet uns in einem unauffälligen zweistöckigen Haus am Rande der Favela Campo do Alemao. Cabela ist Killer des »Comando Vermelho«, des Roten Kommandos. Er trägt eine schwarze Strickmütze mit Sehschlitzen, darüber die Kapuze eines Anoraks.

Er sitzt am Fenster und schaut durch das Schmuckgitter immer wieder nervös zur Straße hinunter, auf die ein paar Peitschenlaternen gelbes Licht werfen. Ein Anwalt hat dieses Treffen vermittelt und alle sind nervös: der Anwalt, der Reporter, der Fotograf, der Killer.

Der Killer fühlt sich unwohl, denn er ist nicht auf eigenem Terrain. Er hat die unangenehme Angewohnheit, Sätze dadurch zu unterstreichen, dass er den Lauf seiner semiautomatischen Pistole schnappen lässt. Warum er sich überhaupt interviewen lässt? Wahrscheinlich, weil es der Selbstmystifikation hilft. Er hat sein Leben auf diese Gangsterrolle reduziert und er will sie nun sehen. Schließlich ist auch der große Mafiapate Beira-Mar eine Art Medienstar, war im TV und auf den Covers der Illustrierten.

Dass sie den Paten jetzt gefasst haben, ändert überhaupt nichts. Und es ist noch die Frage, wie lange er überhaupt sitzt. Beira-Mar sei mit seiner Bande verbündet. »Mein Blut ist rot«, sagt er, »rot wie das Rote Kommando.« So ähnlich klingen auch die Slogans für Suppentüten oder Vasco da Gama, seinen Fußballverein.

Nur dass es hier nicht um Tore geht, sondern um Tote. Cabelas monotones Genuschel ist reflexionsloser, tödlicher Gangster-Rap, mit Worten, die zu Boden fallen wie leere Patronenhülsen. Wenn der Boss zum Krieg ruft, sagt er, geht er ins Gefecht, in vorderster Linie. Dann marschieren sie in einen *morro*, einen Slum, um mit dem Gegner aufzuräumen, mit Leuten des »Terceiro Comando«, der Mafiakonkurrenz. »Die Deutschen stören dabei nicht weiter.« Die »Deutschen«, tatsächlich, ist Gangsterslang für »Polizei«.

Vor den »Deutschen« hat er keinen Respekt. Entweder sie stehen auf der Gehaltsliste oder sie werden getötet. Allerdings haben sie seinen Bruder auf dem Gewissen. Das »Terceiro« hätte sie bezahlt, um eine Razzia durchzuziehen, und damals, vor zehn Jahren, hatte er Rache geschworen und war dem Roten Kommando beigetreten.

Cabela ist achtundzwanzig. Einen Ausstieg gibt es für ihn nicht mehr. Ob er mit seinem Tod rechnet? »Das weiß nur Gott.« Was Gott damit zu tun habe? »Gott ist groß«, sagt er und lässt die Pistole schnappen.

Wo kommt er her, wie wuchs er auf, was machen seine Eltern? »Wenn ich meinen Vater erwischen würde«, schnapp, schnapp, »würde ich ihn umbringen.« Warum? »Weil er nach dem Tod meines Bruders sagte, das geschehe ihm recht.«

Seine Einheit, sagt er, umfasse ungefähr hundertfünfzig Leute. Sein Boss ist jünger als er, er kennt ihn seit der Kindheit. Was ihn zum Boss gemacht habe? »Er hat mehr umgelegt.« Schnapp, schnapp. Wie viele Cabela auf dem Gewissen habe? »Es ist Krieg, Mann, da zählt man nicht nach.« Wer Krieg führt, ist entlastet.

Natürlich hat auch er schon gesessen. Der Jugendknast, sagt er, war eine Art Grundschule, doch die Fachausbildung kriegst du nur auf dem Asphalt. Wenn es schlecht läuft in der *favela*, wenn die Drogen knapp werden, dann geht er auf den Asphalt. Dann macht er mit seiner 9 mm PT Jagd in den Straßen Rios, auf Passanten und Autos, und dann ist die ganze Stadt sein Revier.

Was man tun müsse, um sich gegen ihn zu schützen und gegen dieses Ding da, das ihm aus der Hand wächst und das er ständig befingert wie eine Warze? »Am besten, du sagst, du bist Familienvater und Arbeiter.« Allerdings sei auch das keine Gewähr. Letzte Woche musste er abdrücken, denn der Kerl hatte eine falsche Bewegung gemacht.

»Notwehr«, sagt er, und du spürst, wie die Wut in dir aufsteigt und mit dem Blick auf die Knarre eine unendliche Wehrlosigkeit. Welcher Sozialingenieur soll so einen je umkrempeln können?

Plötzlich dringt von der Straße der Sirenenrülpser eines Streifenwagens. Cabela springt auf und brüllt. Alle gehen in Deckung. Nach einer Weile späht der Anwalt durchs Fenster. »Nur die Guarda Municipal«, sagt er schließlich. Die unbewaffnete Stadtpolizei, die Falschparker aufschreibt. Es gelingt ihm, Cabela ein wenig zu beruhigen.

Bei allen rast der Puls, denn Typen wie Cabela sind unberechenbare Berufsparanoiker. Seine Augen über dem Rand der Sehschlitze stehen in Schweißpfützen und sie wandern unruhig hin und her wie blaue Fische. Nun muss es schnell gehen. »Noch fünf Minuten.«

Ob der neue Polizeichef eine Gefahr für ihn und das Rote Kommando darstelle? Cabela ist verdutzt. Dann lacht er ungläubig. »Der arbeitet bald bei uns mit«, sagt er. Nein, Mann, die »Deutschen« sind nicht das Problem. Der Feind ist das »Terceiro Comando«. Hinterhältige Schlangen. Feiglinge. »Sie töten sogar Kinder.«

Das ist wohl das Verblüffendste an diesen Typen – selbst der Brutalste bemüht sich noch um moralische Überlegenheit. Es gibt immer einen, der noch schlimmer ist und den Tod absolut verdient hat. Und das sind die vom »Terceiro Comando«. Die anderen Opfer, Familienväter zum Beispiel, auch Polizisten, sind bloße Notwehr.

Zur Zeit sei man dabei, Waffen zu beschaffen. Und dann gehe es in den Krieg. Auf zum tödlichen Finale. Er lässt ein letztes Mal den Lauf schnappen und springt auf. »Kauft in den nächsten Wochen die Zeitung«, sagt er. »Erinnert euch an Cabela.«

Wir sollen also die Kritiken lesen. Das sind wohl die schlimmsten Filme: die ratlos enden.

Carlitos Dusche

Karneval am Strand

Das »Rede do Carlito«, das Volleyballnetz von Carlito, ist eines der coolsten am Strand von Ipanema. Es liegt genau in der Mitte zwischen den Rettungsposten 9 und 10, die wiederum begehrt sind, weil ab und zu Fernsehfritzen dort auftauchen und die Rettungsschwimmer noch besser aussehen als die von »Baywatch« und es daher vor schönen Mädchen wimmelt.

Carlitos Leute – ein paar Anwälte, ein paar arbeitslose Fußballakrobaten, mein Freund Richard, der ein Reisebüro betreibt – sitzen außerdem mit ihren Campingstühlen in strategisch günstiger Nähe zu Pepe, dem Bierbudenbesitzer.

Ein Handzeichen genügt.

Zur Karnevalszeit ist Carlitos Netz besonders gut gelegen. Nur ein paar Schritte weiter und man ist bei der fröhlichen Tuntenparade »Banda de Ipanema«, die hier in die Straße Joana Angélica einbiegt.

Die »Banda de Ipanema« ist von den Hunderten von Umzügen, die Rio eine Woche lang in einen schwülen, hirntoten Dauerreiz verwandeln, die Love-Parade – die sich allerdings von der in Berlin schon dadurch unterscheidet, dass hier außer mir alle tanzen können. In Berlin bin ich in der Überzahl und gehe aus Scham darüber gar nicht erst hin. In Ipanema kann man hingehen. Und danach gleich wieder zum Strand, wo man über die jüngsten Bandenattacken redet und darüber, ob die Sambaschule »Beija-Flor« den Dealerterror gut abbilden wird in ihrem Umzug.

Hier bei Carlito hat man die beste aller Welten. Man kann bei dem Umzug mitfeiern oder einfach auch nur in die untergehende Sonne schauen und den *Churrasco*-Duft genießen und auf das nächste Mädchen warten. Das ist der Clou. Genauer gesagt: Der Clou ist die Dusche.

Ab und zu kommen Mädchen und wollen duschen. Und dann suchen sie den Duschknopf und finden ihn nicht, weil er unter Carlitos Bank versteckt ist. Aber Carlito dreht das Wasser erst auf, wenn sie dreimal hopsen. Natürlich gibt es mittlerweile genug Mädchen, die die Routine kennen und nicht erst umständlich aufgeklärt werden müssen. Den meisten scheint das Hopsen ausgesprochen Spaß zu machen.

Carlitos Leute sind Ästheten. So sehr, dass sie zusammengeschmissen haben, um Eduardo, dem fünfzigjährigen Mechaniker – eine sehnige, dunkle Schmettermaschine am Netz –, neue Zähne zu spendieren. Sie hatten ihn schließlich davon überzeugen können, dass die Frauen eher auf die Zähne gucken als auf einen Schmetterball.

Eduardo fletschte an diesem Nachmittag, an dem Hochbetrieb unter der Dusche herrschte, besonders nachhaltig die Zähne, gerade beim Schmettern. Doch plötzlich blieb er in der Luft hängen und vergaß zu schlagen und den Mund zu schließen, der Ball tropfte auf den Sand und Eduardo fiel auf den Rücken.

Seine Augen waren weit aufgerissen. In ihnen zeigte sich das schiere Grauen.

An diesem frühen Karnevalsabend – die *Favela*-Lichter in den Küstenhügeln funkelten schon – marschierten acht alemannische Hexen über den Strand, direkt auf Carlitos Netz zu.

Angeführt wurden sie von einem älteren Herrn mit weißen Halbärmeln, der durchaus als Krankenpfleger hätte durchgehen können. Es stellte sich heraus, dass es Alfons Hug war, der Leiter des Goethe-Instituts von Rio de Janeiro, der mich suchte. Er wollte, dass ich über den »Zusammenprall der Kulturen« schreibe, und da ich ohnehin kaum was anderes mache, hatte ich vage zugesagt.

Hug ist eine Legende. Er organisierte die aufregende Biennale in São Paulo, das prestigereichste Kunstevent des Landes, und wurde gerade erneut dafür ausgewählt, weil er so viel Erfolg hatte. Er ist der erste nicht brasilianische São-Paulo-Biennale-Organisator überhaupt.

Hug kam über den Sand gestakst mit seinem »neuen Projekt«. Er trug braune Lederschuhe, graue Socken und eine graue Hose mit Bügelfalte und wirkte insgesamt so *carioca*-fremd wie die prachtvoll geschnitzten Holzmasken des Hexenvereins »Stumpenhexen« aus Stetten im Eschachtal/Schwarzwald, die er im Schlepptau hatte.

Die Hexen hatten Warzen auf der Nase, »echtes Pferdehaar« auf dem Kopf und Münder, die aussahen wie der von Eduardo, bevor er seine neuen Zähne bekam. Einen magischen, hoffnungsfrohen Moment lang sahen sie aus wie die hässliche Papagena in der »Zauberflöte«, bevor sie in ein liebreizendes Mädchen zurückverwandelt wird. Aber nur eine Sekunde lang. Die Hexen blieben hässlich.

Und dann standen sie einfach nur stumpf und schwarz und abgekämpft auf dem Strand, wie ausgewürgt vom Flitterrauschen und dem absurd aufgedonnerten Sex des Umzugs der »Bande de Ipanema«. Sie schrubbten mit ihren Reisigbündeln im Sand vor Wilsons Grill.

Alfons Hug sagte: »Karneval ist dem Wesen nach die Vereinbarkeit von Unvereinbarem.«

Schließlich nahmen die Hexen die Masken ab und ein kräftiges, sympathisches Mädchen mit roten Wangen sagte: »Es isch halt was anderes als bei uns. Bei uns bleibet die Leut links und rechts, und es isch abgesperrt, und mir marschieret in der Mitte durch.«

Sie waren, als ein von der Banco do Brasil und dem Goethe-Institut gesponsertes Projekt, drei Tage zuvor in Salvador gelandet, um dort, auf dem berühmten Platz Pelourinho, den Karneval mitzueröffnen.

»Seither sind sie eigentlich pausenlos im Einsatz«, sagte Hug befriedigt. Am Mittag bereits im Zentrum Rios beim traditionellen Karnevalsbeginn »Bola Preta« – unter schwarzen Kutten, mit schweren Holzmasken, bei einer gefühlten Temperatur von schätzungsweise 120 Grad. Ich hatte großes Mitleid mit ihnen.

Hug sagte: »Wir sind eigentlich gerade von den Transvestiten freundlich aufgenommen worden.«

Mittlerweile hatten sich Carlitos Leute von dem Schock erholt und Orlando lieh sich eine Maske aus, um sich damit fotografieren zu lassen. Hug sagte noch: »Auch Hexen sind ja eine Form des Transvestitentums«, aber das klang ein wenig gewagt und theoretisch nicht ganz wasserdicht.

Das »Projekt« wird filmisch aufgezeichnet und später von Künstlern verarbeitet, versicherte mir Hug am Tag danach am Telefon – ich hatte mich, feige wie ich bin, ziemlich schnell verdrückt, weil ich die Verlegenheit, die sich zwischen den außerirdischen Alemannen und dem Strandvolk immer wieder erneut aufbaute, nicht mehr ausgehalten habe.

Die alemannischen Hexen sind dem Vernehmen nach gut und sicher in ihrem Hotel gelandet.

Und ich beteiligte mich später an der Suche nach Eduardos Gebiss, das ihm aus dem Mund gefallen war, als er sich vor den Hexen so erschreckt hatte und auf den Rücken gefallen war. Nachdem er es gefunden hatte, tanzte er. Und Richard, der als Schweizer ja fast ein Alemanne ist, bestellte unter allgemeinem Beifall noch einmal Bier für alle und Carlitos engstirnige Bande ließ keinen Zweifel daran aufkommen, dass dies der einzige Kulturbeitrag ist, den sie sich künftig von Deutschen oder Alemannen oder Schweizern – alles das Gleiche – erwünschen.

Der Genuss der Sünde

Rios Vila Mimosa wählt die Hure der Huren

Die dampfenden Fleischroste am Kopfende der Rua Frias wirken wie Brandopfer, dahinter das Verbotene unter gelben Gaslampen mit schlechter Schminke. Wenn die Handys in den BHs der Mädchen nicht wären, könnte das alles im Paris der fünfziger Jahre spielen. Oder gar in den Zwanzigern.

Die Brocken für die Spieße, die hier an die Kunden verfüttert werden, beziehen die Händler vom Schlachthof nebenan. Eimerweise, denn hier in der Vila Mimosa, in Brasiliens größtem und traditionsreichstem Nuttenviertel, macht es die Masse.

Von den geschätzten rund 1,5 Millionen *putas* des Landes schaffen etwa fünfzehnhundert hier an. Das sind um die siebzigtausend Nummern monatlich in der Vila Mimosa. Das sind eine Menge hungriger Kunden für einen wie Antonio.

Seine Karre steht hochbeinig auf dem Pflaster, drunter döst ein Köter. Es ist die blaue Stunde, in der das Neon bereits flackert über den Bars der Rua Miguel de Frias.

Antonio streicht Fett über seine Spieße, Flammenzungen fahren in die Fetzen, sie sind krustig und scharf, und die Kunden auf den

Plastikschemeln spülen nach mit Bier, das sie mit dem Handrücken vom Mund wischen.

Was da genau verbraten wird, weiß keiner, und es will auch keiner wissen. »Meine Kunden sind zufrieden, und die Mädchen auch.«

Der Bratenduft mischt sich mit dem Schweiß und dem billigen Parfüm und den Ausdünstungen der Lust. Und wenn es geregnet hat und Schwaden vom Pflaster aufsteigen, dann könnte kein Bühnenbildner die Sünde und ihren Zauber altmodischer und operettenhafter in Szene setzen.

Dann stehen die Mädchen auf den oberen Stufen der Bars in giftgrünem und höllenrotem Neonnebel, in hämmernden Techno-Rhythmen, Tempelwächterinnen und Sirenen. Sie haben die Hände in die Hüfte gestemmt und werfen Blicke, als forderten sie zum sexuellen Duell heraus, und sie lachen, wie nur Siegerinnen lachen können.

Viele kommen nur hierher, um zu schauen und zu trinken und mit den Mädchen zu reden. Sie ist nicht die Sache von Touristen, sondern von Einheimischen wie dem Psychoanalytiker Denizart, der hier manche begeisterte Nacht lang über »Prostitution und Verführung« meditierte: »Nur eine sehr starke Frau kann eine Perversion dieser Größenordnung aushalten.«

In der Vila, findet Denizart, sind die Männer das schwache Geschlecht und sie zahlen dafür, ihre Schwäche zu zeigen.

Die Vila ist vielleicht so lang wie die Hamburger Herbertstraße, doch damit sind die Gemeinsamkeiten erschöpft. Hier ist Chaos, Samba, Lärm, ein kubistisches Bild aus Reizen. Keine geordnete Galerie aus Geldautomaten mit Pferdeschwänzen hinter blank gewienerten Scheiben, aus Fetischpuppen, hochgegürteten Astronautinnen, zur Ware erstarrten Schaufensterfiguren, sondern Tanz, Gelächter, nubische Profile, Flirts, Brüste, Kartenspieler, Trinker, blonde Spirallöckchen über weißen Engelsgesichtern, Hingabe.

Sextouristen verirren sich selten hierher. Womit nichts gegen sie gesagt ist. Sie wären den Mädchen willkommen, weil sie als spendabel gelten und meistens als rücksichtsvoller als die *cariocas*. Doch sie sitzen in der Nähe ihrer Hotels an der Copacabana herum, vor der »Help«-Disco oder an den Kiosken am Strand.

Entgegen der feministischen Propaganda sind sie übrigens mehrheitlich nicht fettbäuchig und alt, sondern jung und sehnig. Das Gros von ihnen ist in Houellebecqs Alter. Sie sehen aus, wie man sich Bruno aus Houellebecqs »Elementarteilchen« vorstellt, mit dem schüchternen Hungerblick erotischer Unterernährung, Erben der »sexuellen Befreiung«, die auf der Verliererseite gelandet sind.

Aber die Vila, im Schatten des Maracanã-Stadions, nahe an den Bahngleisen, ist zu entlegen für sie. Und zu geheimnisvoll, zu schwer zu enträtseln, zu widerständig. Die Vila ist das grüne Messer Nerudas, die Lilie, die das Herz durchsticht. Anders als die Copacabana ist die Vila der Ort der Lüste für den einfachen Mann, für den Schaffner, den Botenjungen, den Angestellten aus der Baubehörde. »Wer sich vor der Abgeschmacktheit und der Sentimentalität fürchtet«, sagt Neruda in einem seiner Gedichte, »den holt der Frost.«

Die Vila ist beides, abgeschmackt und sentimental. Sie erinnert an Zeiten, als es noch Moral und Unmoral gab. An Gedichte von Bukowski. An Baudelaires »Blumen des Bösen«. An alle möglichen romantischen Opern und Kameliendamen und gefallenen Engel vom Strich, die den Trinker Nicholas Cage doch nicht retten können. Ja, die Vila Mimosa ist romantisch.

Die Bars mit den blaugelben Markisen. Die gekachelten Eingänge. Die rostigen Spinde, die gusseiserne schmale Wendeltreppe zu den Pritschen hinauf, die immer eine entscheidende Vorauswahl trifft: Wer die Treppe noch schafft, kriegt womöglich auch die anschließende Nummer noch hin … Auf einem Tresen im Haus 23 liegt Ana, eine riesige nackte *mulatta,* die einem Roger-Crumb-Comic entstiegen sein muss. Sie lächelt träge. Schweißbäche laufen ihre Bauchfalten hinab. Sie trinkt Bier und schwatzt mit einem, der Architekt sein könnte.

Die Vila ist alles – nur kein Ort, um Elendsreportagen über die Ausbeutung der Frau zu schreiben. Es gibt keine Zuhälter hier. Keiner zwingt die Mädchen, die hier arbeiten. Lauter Ich-AGs – sie tun es, weil sie es wollen. Die Besitzerinnen der Bars, die Pritschen und Handtücher an sie vermieten, haben früher selbst als Prostituierte gearbeitet.

Diese Nacht ist eine besondere. Zum ersten Mal in der über hundertjährigen Geschichte der Vila Mimosa wird die *puta* des Jahres gewählt. Die Brache, die schräg gegenüber den Fleischkarren liegt, ist gesäubert worden und vor den beiden ausgebrannten Schrottbussen hat man einen Vorhang befestigt – nun dienen sie als Garderobe und Schminkraum hinter der Bühne.

Eine Misswahl im Bordell steht naturgemäß unter anderen Vorzeichen als eine in der Welt draußen. Die Wahl zur, sagen wir, Miss Universe, ist eine rechtschaffen-calvinistische Angelegenheit, in der die Siegerin mit ihrem blitzsauberen Plastiklächeln makellose Zahnreihen zeigt und jede Anzüglichkeit vermieden wird, die, ja, für Tumulte sorgen könnte. Die Kandidatinnen sind für den Weltfrieden und kämpfen um größtmögliche Popularität und damit um ihre merkantile Brauchbarkeit als Hostess der Warenwelt.

Die *puta* dagegen versteckt ihre Identität. Sie führt ein Doppelleben. Außer ihren Kunden soll keiner wissen, dass sie *puta* ist, besonders nicht hier, im katholischen Brasilien, wo die Prostitution nach einem Gesetz von 1940 immer noch unter Strafe steht.

Deshalb ist eine Misswahl in der Vila Mimosa so was wie eine politische Demonstration. Diese hier wird von den Aktivistinnen der Vila und der Organisation »Davida« in Szene gesetzt. Das Defilee der Nachtschönen soll den Mädchen der Vila Selbstbewusstsein geben, soll sie aufwerten und soll helfen, ihren Beruf zu legalisieren. Große Modefirmen wollen das Ganze sponsern.

In den Tagen vor der Konkurrenz sind alle begeistert. Vierzig *putas* tragen sich in die Listen ein. Doch am Vorabend des Events verlässt sie der Mut. Darüber hinaus hat sich herumgesprochen, dass sich auch die Modefirmen zurückgezogen haben.

Angst vor der eigenen Courage also auf allen Seiten. Die der *putas* ist verständlich. Die der Firmen ist jämmerlich und doppelbödig. Auf ihren Plakatwänden sind sie zu jeder Frivolität bereit. Aber Schenkelbögen, Brüste, halb geöffnete Lippen, die keine Tops oder Autos verkaufen, sondern nur sich selbst, gelten als obszön. Ein Defilee von Nutten könnte den guten Ruf gefährden und die Mittelstandsdame verprellen.

Zwei Stunden vor Beginn der Konkurrenz sind nur noch vier Mädchen bereit, Haut und Gesicht zu zeigen, darunter Paula, die Stunden damit verbracht hat, ihre schwarze Krause beim Friseur der Vila zu einem blonden Brett plätten zu lassen.

Graca, die Chefin der Vila, klappert die Bars ab. Spricht mit Michele, die eine gepiercte Zunge hat und mit Patricia, mit Manuela, mit Bria. Vielleicht sind es ihre Worte, vielleicht aber auch der Feierabendleichtsinn, der anschwellende

Lärm – plötzlich finden sich hinter der Bühne wieder vierzehn Mädchen ein.

Gabriela, die kleine, lebendige Exnutte und Kolumnistin der Nuttenzeitung *Beijo da Rua* – »Kuss der Straße« – hält eine motivierende Ansprache. Paula gibt anschließend die Losung aus: »Ich bezahle meine Rechnungen pünktlich, ich bin niemandem was schuldig, ich bin stolz darauf, Nutte zu sein.«

Nun machen die Mädchen Mienen, als seien sie bereit für die Löwengrube. Die Masken, die ihnen angeboten werden, lassen sie liegen. Sie sind entschlossen, sich selbstbewusst der nationalen und internationalen Presse zu stellen, also der *Beijo da Rua* und dem *Spiegel* – die großen Zeitungen Rios haben gekniffen.

Entlang des Laufstegs sind die Tische der Juroren aufgebaut. Ein Abgeordneter ist unter ihnen, dessen Wahlkampfslogan an die Hippiezeit erinnert: »Nur Liebe kann die Welt verändern.« Es ist eine Menge Liebe zusammengekommen in dieser ummauerten Brache unter dem ruhigen, schweren Tropenmond.

TV-Star Suellen Napoleao, eine weitere Jurorin, gibt progressive Interviews. »Ich finde, dass Prostituierte ein Beruf ist wie jeder andere.«

Nun, das allerdings wäre der Tod der Vila, wenn sie ein Ort wie jeder andere würde. Sicher, Prostitution gehört in Rio durchaus zum Alltag. In Bürogebäuden in der Innenstadt wird manche Etage für den schnellen Mittagsverkehr genutzt, für fünf Euro die Nummer. Ob auf den

Plätzen Presidente Vargas, Praca Tiradentes, Praca de Maua oder in den mondänen Shoppingmalls der Zona Sul – überall bieten sich Mädchen an. Viele machen es nur gelegentlich, wenn größere Anschaffungen ins Haus stehen.

Dennoch, ohne das katholische Aroma der Sünde wäre die Vila nicht das, was sie ist. Neben den Schmuck- und Blumenverkäufern dreht Hernando mit seinen Ablasszetteln die Runde. Er vertreibt heilige Schwüre zwischen roten Herzen, Gebete, Rosenkränze. Hernando macht seinen Profit mit dem schlechten katholischen Gewissen, das sich hier listig-schachernde Entlastungen schafft.

Etwa mit dieser schwülstigen Rolle, auf der der heilige St. Georg beschworen wird, der ein gutes Wort einlegen möge, denn es sei doch schließlich Liebe gewesen und Liebe könne doch keine Sünde sein. Für wie dumm halten die Kunden St. Georg nach dem dritten Bier? Da kann der doch nur erwidern: »Liebe? Ihr seid verheiratet und ihr seid im Puff, Leute, das nennt man Sünde, und zwar in flagranti!!«

Die Favoritin an diesem Abend ist Raffaela aus Haus 35. Sie könnte aus »Lacos da Familia« stammen, jener populären Soap-Opera, in der ein Oberklassemädchen auf den Strich geht. Rehaugen, gepflegte Hände, Figur wie ein Mannequin. Sie ist beliebt bei den Mädels. Sie lächelt viel und warm. Ihr Vater ist Informatiker, die Mutter Hausfrau. Keiner zu Hause weiß, was sie tut. »Sie denken, ich hätte ein Verhältnis mit einem verheirateten Mann und fragen nicht weiter nach.«

Raffaela schafft rund fünf Nummern pro Nacht, kommt auf runde dreitausend Real (tausend Euro) pro Monat. Eine Zeit lang will sie das noch machen – »wo sonst kann man das verdienen?« – und dann Medizin studieren.

Und Raffaela ist gleich die Erste, die den Steg betritt. Man merkt ihr die Nervosität an, sie ist blass und graziös, und dann folgen Michelle und Paula, und die Anfeuerungsrufe werden ausgelassener, die Männer gröhlen, die Mädchen rufen, rund vierhundert Gäste drängen sich in diesem Hof.

Unter ihnen sitzen die betagten Schwestern Isabel, Rosamunde und Elisabeth vom Orden der Heiligen Oblate. »Wir sind mit den Mädchen im Leid verbunden«, sagt Schwester Isabel, »dann wollen wir auch dabei sein, wenn sie sich freuen.« Sonntags beten sie mit ihnen in der kleinen Kapelle am unteren Ende der Straße. »Die meisten Mädchen sind sehr religiös.«

Sünde? Wer ohne sie ist, werfe den ersten Stein. Hat Jesus nicht gerade die Sünderin Maria Magdalena erhöht, vor allen anderen? Nein, meint Isabel, die Mädchen sind wunderbar und die meisten haben ein großes Herz. »Unser Platz ist bei ihnen.«

Die Mädchen sind keine Laufstegprofis. Sie sind aggressiver, lustvoller, ängstlicher, sie haben Lampenfieber – kurz: Sie sind Frauen, keine Puppen. Sie marschieren trotzig wie Demonstrantinnen, wie Soldatinnen, die eine feindliche Stellung überrennen wollen, und sie stoßen ihre Brüste nach vorne wie Waffen und lachen.

Und die unten kämpfen mit. Sie sind längst alle aufgesprungen, die *putas* und ihre Freier, sie tanzen, sie feuern die Kandidatinnen oben an, das ist plötzlich ein Karneval geworden, wie er ausgelassener nicht gefeiert werden kann. Miss Universe im Puff, und die da unten sind so schön wie die da oben und manche noch schöner.

»Das ist das Vermaledeite an schönen Frauen«, sagt Abdul. »Sie sind zu feige, teilzunehmen, weil sie es nicht ertragen könnten, zu verlieren.«

Abdul ist fett wie ein Sumoringer, ein schnauzbärtiger Palästinenser, der in seiner Kindheit nach Rio kam und hier in der Vila nun Goldkettchen verkauft, billigen Kram für Freier, die ihren Mädchen Geschenke machen wollen. »Jetzt gehen nur noch die billigen Sachen«, sagt er, »alle leiden unter dem hohen Dollar.« Bloß die ganz Betrunkenen kaufen noch die Sternzeichenanhänger aus achtzehnkarätigem Gold.

Abdul tippt wie alle auf Raffaela. Es ist weit nach Mitternacht, als die Juroren sich ein letztes Mal zur Beratung zurückziehen. Auch die barmherzigen Schwestern haben durchgehalten. Sie sitzen milde lächelnd an ihrem Tisch, ab und zu kommt ein Mädchen vorbei, und ab und zu küsst ihnen ein tätowierter Rausschmeißer die Hand.

Hernando hat seinen Holzständer mit den Liebeswimpeln und Ablasszetteln und Treueschwüren abgestellt. Jetzt feiert die ganze Vila, jetzt denkt keiner mehr ans Geschäft.

Schließlich kommt die Jury zu ihrem einstimmigen Ergebnis. Zum letzten Mal stampfen und tanzen und wiegen die Mädchen über den Laufsteg, die *morenas,* die kaffeebraunen, und *mulattas,* die dunklen, und *gauchas*, die hellhäutigen, und sie zählen rückwärts von Rang acht, schmeißen Kondome in die Menge und sind wesentlich lockerer als im ersten Wettbewerbsdurchgang, der noch die Atemlosigkeit eines Protestes hatte. Nun feiern sie und strahlen in die Kameras und tanzen.

Schließlich endet der Countdown der Preisträgerinnen im Jubelsturm über die Erstplatzierte, über Raffaela, die Ephebenhafte mit der Tigerkralle auf der linken Schulter.

Lächelnd, ganz Schönheitskönigin, nimmt sie die Blumen entgegen und beugt sich anmutig unter die Schärpe, die ihr Graca umlegt. Der Hof kocht. Die Mädchen tanzen mit den Freiern und dann wird Raffaela im Triumphzug vom Hof geleitet, die Pflastergasse hinunter, vorbei an den Trinkern und Spielern unter den Wellblechdächern.

Anschließend biegt Raffaela rechts in die Ruazinha ab, die Galerie mit den Innenhofbars, vorbei an den vergitterten, speckigen Spelunkenfenstern bis zu ihrem eigenen Verschlag.

Sie geht zu ihrem Spind, dreht den Schlüssel

und nimmt das Handtuch heraus. »Wer ist der Erste?«, fragt sie strahlend.

Sie macht gute Geschäfte in dieser Nacht. Wer kann sich im normalen Leben schon die Siegerin eines Schönheitswettbewerbs leisten, wenn er nicht gerade berühmt ist oder Politiker, Chefarzt, Gangster. »Was für eine Nacht«, stöhnt Bob, der Pilot, selig. Er kennt die Bordelle aller Kontinente. Die Vila unterscheidet sich, ganz klar. »Woanders lassen sie sich ficken, hier ficken sie zurück.«

Irgendwann fallen Schüsse. Die Polizei jagt in diesen Tagen Elias Malouco, den verrückten Elias, und die Leute seiner Bande – einer von denen ist draußen auf der Straße gesichtet worden.

Keiner kümmert sich drum. Man dreht einfach die Musik ein bisschen weiter auf. Wenn die Vila feiert, lässt sie sich nicht dabei stören.

»Ich fand das Mädchen, das Dritte geworden ist, besser«, sagt Gabriele Leite einige Wochen später. »Patricia, die Blonde. Sie war viel eher *puta* als Raffaela.« Schließlich sollte doch nicht Miss Universe gewählt werden, sondern die *puta* des Jahres.

Tatsächlich hat sie Recht. Man konnte Patricia mit ihrem fröhlichen, breiten Mausgesicht und den Packerarmen ansehen, dass sie unkompliziert Liebe schenken kann und ihren Beruf mit durchaus ehrgeiziger Lust ausübt.

Gabriele Leite ist eine Legende der Vila. In einem Dokumentarfilm der achtziger Jahre ist sie zu sehen, ein blasses, lockenumrahmtes Gesicht, leicht perverser Silberblick, eine Frau, die mit Männern umgehen kann und die das weiß. Gabriele, die Nutte.

Sie ist stolz darauf, eine gewesen zu sein. Sie hat die Kerle geliebt, die sie wollte, und sie hat gut von ihnen gelebt. Und mit ihnen. Sie hat sich immer als Revolutionärin gesehen in einer bigotten Gesellschaft und sie spricht darüber mit der libertinären Romantik einer Anaïs Nin. Frei.

Sie ist das Gegenbild zur magersüchtigen Mittelstandsnutte Fanny Arcan, die mit ihrem Buch »Hure« zum Feuilletondarling wurde. Die wehleidigen Sentenzen über eklige Männer verkauften sich aus dem Stand heraus ein paar hunderttausend Mal und bestätigten zudem, dass selbst eine Hure kaum tiefer sinken kann als ins Feuilleton, wo man engelsgesichtige Debütantinnen mit Elendsblick liebt, besonders wenn sie über Sex schreiben, und ganz besonders, wenn sie es entrüstet tun.

Gabriele dagegen hat Ehre im Leib. Auch sie schreibt, und wie! Ihre Kolumnen in *Beijo da Rua*, die kostenlos verteilt wird, gehören zu den klügsten und warmherzigsten und vor allem ehrlichsten, die in der Stadt zu lesen sind.

Sie schreibt über die Nacht, als die Jungs den fünften WM-Titel holten und über den Schweiß des Präsidenten und ihre krebskranke Freundin, und man merkt jedem ihrer Sätze an, wie lebenssatt sie sind, und wie groß das Herz ist, das in ihnen schlägt, und wie sehr es schenken kann.

Jetzt sitzt sie im Konferenzsaal eines Hotels an der Praca Tiradentes und trommelt dafür, dass die Nutten bleiben dürfen, wenn das umfangreiche Verschönerungsprogramm durch die städtischen Denkmalspfleger beginnt.

Die Praca Tiradentes gehört zu den ältesten Straßenstrichen Rios. Manche Huren sind hier bereits für fünf Real zu haben. In der Parkanlage zu Füßen des bronzenen Kaisers Dom Pedro schlafen rußgeschwärzte Tagelöhner und in den verfallenden Gründerzeitvillen am Kopfende, in den *estudantinas*, spielen nach Feierabend alte *Mulatto*-Bands mit angestoßenen weißen Jacken sentimentale Chorinhos oder Tangos für einsame Herzen.

Der Platz ist ein angegammeltes Kleine-Leute-Paradies mit seinen Theatern und Funzelbars und offenen Grills – eine Kulturschande, sollte hier je so etwas stattfinden wie das puritanische Clean-up der 42. Straße in New York durch das Big Business.

Gabriele, die Aktivistin, ist zufrieden. »Wir haben die Zusage, dass die Huren bleiben dürfen.« Doch die Zeiten haben sich insgesamt geändert. Sex ist für Gabrieles Geschmack bereits jetzt zu sehr Industrie geworden. Die alte Vila Mimosa zum Beispiel. Sie war schöner. »Schmutziger, aber schöner.« Heute haben die Bars Nummern – damals trugen sie Namen wie »1001 Nacht« oder »Villa Isidaura«.

Doch sie ist immer noch ein erotisches Idyll, vergleicht man sie mit den Rotlichtmeilen Europas. Ihr Lebensgefährte Flavio war kürzlich bei einer Nutte in Amsterdam. »Sie legte Musik auf und Flavio kam ins Plaudern, und als die Musik zu Ende war, sagte die Nutte: ›Die Zeit ist um!‹« Man stelle sich das vor: Musik, die nicht zum Tanzen diene, sondern um die Zeit zu stoppen – was für eine Perversion!

Jüngst wurde Gabriele ausgezeichnet von der Banco do Brasil, die jedes Jahr wichtige Sozialinitiativen unterstützt. Sie hat sich mit ihrer Prostituiertenorganisation »Davida« für die Rechte der Prostituierten und im Kampf gegen AIDS verdient gemacht. »Unsere Mädchen benutzen zu weit über neunzig Prozent Kondome – im Rest der Gesellschaft sind es, wenn es um Zufallsbekanntschaften geht, nur dreißig Prozent.«

Sie engagiert sich, doch ihr graut vor den europäischen Nuttenfunktionärinnen, die die Huren am liebsten verbeamten würden. »Wenn alles zu clean und zu geregelt ist, läuft es schief.«

In der Zeitung *Beiijo da Rua* führt sie aus, was sie meint. In dieser Zeitung, die monatlich erscheint, werden gediente Kämpferinnen nach ihren Tricks befragt, werden Kochrezepte ausgetauscht, wird die perfekte Liebesnacht beschrieben. Die größte Sünde? Die Frage: »Bist du schon gekommen?«

Eine ihrer schönsten Kolumnen hat sie über das Schimpfwort *filha da puta* geschrieben, »Sohn einer Nutte«, den verbreitetsten Fluch Lateinamerikas. Sie hält ihn für einen Ehrentitel: »Was soll daran schlimm sein, Sohn einer Nutte zu sein?« fragt sie. »Eine gute Hure kann Liebe schenken«, und oft könne sie es besser als diese verzickten Weiber der Oberschicht, die die Beine nur noch für ein Kleid von Zegna breit machten und manchmal den Gärtner ranließen.

Gerade ist Gabriele von einem Nuttenkongress in Bahia zurückgekehrt, auf dem der große Volksdichter Jorge Amado geehrt wurde, der letztes Jahr gestorben ist. Amado hat Brasiliens Prostituierte unsterblich gemacht in zahllosen seiner Romane.

Amados Kinder waren erschienen und zeigten sich gerührt über die Ehrung. »Es gibt wahrscheinlich keine süßere *puta* als die Bernarda aus ›Tocaia Grande‹«, sagte Amados Tochter Paloma. »Mit ihr hat Papa eine der wundervollsten Mutterfiguren der Weltliteratur geschaffen.«

Doch die Literatur ist das eine und das Leben das andere. Gabriele hat ihre Ehrlichkeit, ihren Abscheu vor einem Doppelleben, teuer bezahlt. Was die Prostituierten angeht, ist die »gute Gesellschaft« Brasiliens nicht minder verlogen als die in anderen Ländern auch.

Auch Gabriele ist Mutter. Beide Töchter wurden ihr vor Gericht genommen, die erste von der eigenen Mutter, die zweite vom Ehemann. Sie traf die Ältere erst wieder, als sie achtzehn war und heiraten wollte und Gabrieles Einwilligung brauchte. »Heute haben wir das allerbeste Verhältnis«, sagt sie.

Sie glaubt, dass sie eine gute Nutte war. »Ich habe es nicht nur des Geldes wegen gemacht«, sagt sie. »Ich mochte die Männer, den Samba, die Nächte.«

Was eine gute Hure ausmacht? »Sie muss zärtlich zu den Männern sein, sie muss schamlos sein können und sie muss sich pflegen«, sagt sie. »Ungepflegte Frauen haben die meisten der Kunden doch schon zu Hause.«

Sie nimmt einen weiteren Schluck Bier und lächelt wie die Letzte einer langen romantischen Ahnengalerie, vielleicht wie Maria Bago Mole, die Tom Ze in einem seiner Karnevals-Sambas verewigt hat: »Sie hat uns alle in die Liebe eingeführt.«

Der Schatz im Silbersee

Gaunerei zum Lichterglanz

Ein Mann steht im Wasser, mit Hemd und Krawatte. Er sieht erschöpft aus, wie einer, der in der Falle sitzt und fieberhaft nach einem Ausweg sucht. Verzweifelt, vielleicht auch ein wenig empört, schaut er auf den, der ihn fotografiert. Oder auf andere, die neben dem Fotografen stehen.

Der Mann hat sich an der Suchaktion nach einer goldenen Rolex beteiligt, in den trüben Wassern der Lagoa in Rio de Janeiros edlem Stadtteil Leblon, in deren Mitte der größte Weihnachtsbaum der Welt aufgestellt ist.

Die Pointe des Fotos jedoch ist die, dass der dargestellte Mann nicht derjenige ist, dem die Uhr gehört, sondern der Gauner, der sie geklaut hat. Es begann als Dutzendüberfall am helllichten Tag, wie er im Stadtverkehr in Rio täglich passiert. Plötzlich steht dieser Kerl im Anzug neben dem Cherokee-Jeep des Geschäftsmannes Jorge Azevedo Garcia Filho, 39, und klopft mit der Knarre ans Fenster. Garcia reagiert durchaus so, wie man es tun sollte – er befolgt die Anweisung des Banditen, zieht die Rolex vom Handgelenk und übergibt sie ihm.

Doch dann sieht er, dass die Pistole des Gauners nicht echt ist. Und bricht die Regel. Er zieht seinen Jeep auf die Gegenspur, verfolgt den

Flüchtenden und brüllt um Hilfe. Als der die Uferpromenade hinunter spurtende Gauner schließlich gestellt ist, sagt er, dass er die Uhr auf der Flucht im See habe verschwinden lassen.

»Bist du verrückt!?«, schreit Jorge Azevedo außer sich. »Das ist eine Rolex, weißt du, was die wert ist?!« Und hier nimmt die Geschichte eine weitere Wendung, wie sie wohl nur in Rio möglich ist.

Garcia überredet den Gauner, den Kriminellen Adriano Batista, 22, aus São Paulo, mit ihm gemeinsam nach der Uhr zu tauchen.

Als Finderlohn verspricht er ihm zweihundert brasilianische Real (sechzig Euro). Doch die Suche bleibt ergebnislos. Worauf sich Jorge Azevedo Hilfe durch ein paar professionelle Taucher besorgt, aber auch die suchen das Schmuckstück im brackigen, verschlammten Seegrund vergeblich.

Mittlerweile haben die TV-Stationen ihre Teams geschickt, Geschäftsmann Jorge Azevedo selbst kann gar nicht angeben, wie viel die Rolex, ein altes Erbstück, eigentlich wert ist – aber ihr Wert steigt stündlich im vorweihnachtlichen Rio.

Die Rolex ist allmählich so etwas wie der Schatz im Silbersee – wobei die verschmutzte Lagoa dank all der eingeleiteten Schwermetalle und toten Fische durchaus silbern aufglänzen kann, wenn die Sonne günstig steht.

Der See ist auch am folgenden Tag magischer Anziehungspunkt für zahllose Straßenhändler und Glücksritter, die sich in die trüben Fluten wagen.

Sie suchen zu Füßen eines gigantischen Weihnachtsbaumes, der wie jedes Jahr um diese Zeit mitten im See aufgestellt ist, mit 82 Metern der größte der Welt – ein verkleidetes Stahlgestell, das mit acht Flakscheinwerfern und insgesamt 2,8 Millionen Lämpchen ausgerüstet ist.

Die Lagoa wird für die *cariocas* zum mysteriösen Gabentisch. Irgendwo dort unten wartet schließlich eine Rolex auf den Finder. Jorge Azevedo ist ein wenig in der Zwickmühle. Er hat den Finderlohn zwar auf fünfhundert Real erhöht, sagt aber gleichzeitig, dass die Uhr nicht sehr viel mehr wert sei – wohl aus Angst, dass sie von einem möglichen Finder einfach behalten wird.

»Sie hat in erster Linie sentimentale Bedeutung für mich«, meint er. »Sie wurde mir von einem sehr lieben Verwandten geschenkt, bevor er verstarb.« Das wird in den Zeitungen eher anzüglich zitiert.

Längst jedoch ist ihm der Rolex-Mythos über den Kopf gewachsen. Die Zeitungen bringen mittlerweile Artikel wie: »Alles Wissenswerte über Rolex.« Die eher langweiligen Ausführungen zur Firmengeschichte – dass die Oyster 1926 die erste hermetisch versiegelte Uhr der Welt war – überspringt das große Publikum und kommt gleich zum Wesentlichen.

Zu den fünf- oder sechsstelligen Zahlenreihen. Das kostet die eine und das kostet die andere. »Booooahh ey«, oder, wie man hier sagt: »puxa!« oder »por!«

Unter den Tauchern des nächsten Tages ist Jose Carlos Santos, 36, Familienvater. Er glaubt kein Wort davon, dass die Uhr nur sentimentalen Wert habe. »Ich habe dreitausend Real Schulden«, sagt Jose Carlos. »Die Uhr ist sicher mindestens dreißigtausend wert. Ich könnte also meine Schulden zurückzahlen und noch eine Menge Geschenke kaufen, jetzt vor Weihnachten.«

Ganz ohne Hoffnung bleibt jedoch auch der beklaute Geschäftsmann nicht. Schließlich ist das nicht der erste Überfall, den er erlebt. Im letzten Jahr hat ihm schon einmal einer die Knarre auf die Brust gehalten. Und die war unschwer als echte zu erkennen. Jorge Azevedo hat klugerweise überhaupt keinen Widerstand geleistet, sondern höflich sein Geld übergeben und auch gleich seinen Cherokee-Jeep. Den hat er inzwischen wieder. Also bleibt Hoffnung für die Rolex.

Und da wir Weihnachten haben und das Ganze in Rio spielt, tritt das Wunder tatsächlich ein. Am nächsten Tag übergibt der Anwalt Alessandro Moura de Paulo Freitas dem strahlenden Geschäftsmann Jorge Azevedo Garcioa Filho die Uhr.

Des Rätsels (vorläufige) Lösung: Sie war nie im See! Der Gauner hatte sie die ganze Zeit bei sich versteckt. Hatte sie in der Untersuchungshaft einem Komplizen zugeschoben, der sie seinerseits in der Besuchszeit an seine Frau weitergereicht hatte.

Die aber, so die bisherigen Aussagen, wollte mit der Uhr, nach der die halbe Stadt suchte, nichts zu tun haben und ging damit zum genannten Anwalt. Die Rolex in der Lagoa, der Schatz im Silbersee – ein schönes Märchen, das die Phantasie der *cariocas* drei Tage lang beflügelt hat.

Der Dieb übrigens war schon aus dem Wasser heraus verhaftet worden. Die Brüllerei Garcias und der anschließende Sprung ins Wasser hatten eine Menge Schaulustige angelockt und über kurz oder lang auch eine Streife der MP.

Ein Foto und seine Geschichte. So erst ist die Interpretation vollständig: Der Gauner sieht empört auf die neben dem Fotografen wartenden Uniformierten. Er gibt sich resigniert, eben wie einer, der lange und vergeblich nach einer teuren Uhr gefischt hat – und sortiert schon mal die Geschichte, die er der Polizei auftischen wird.

Die vermutet inzwischen, dass er zu einer Bande aus São Paulo gehört, die sich auf Rolex-Diebstähle spezialisiert hat und nach der schon lange gefahndet wird.

Casa de Festa

Ein Haus zum Feiern

Senhor Aroldo, Bäcker der *favela* hinter unserer Gemeindekirche »Nossa Senhora da Luz«, ist ein schmaler, flinker Mann mit Pomade im gelichteten Haar. Einer, der sein Leben lang hart gearbeitet hat. Nun, mit einem eigenen Laden, einer schmalen Bretterbude, in der man außer Brötchen auch noch Plastikkämme, Coca-Cola und Wimpel des Fußballclubs Flamengo kaufen kann, lässt sich sagen: Aroldo hat es geschafft. Und wie sehr er es geschafft hat, bewies er am fünfzehnten Geburtstag seiner Tochter Narajana.

Senhor Aroldo mietete eine *casa de festa*, ein Festhaus, ein paar Kilometer weiter im Tijuca-Park und lud tausend Freunde aus der *favela* ein.

Diese hatten an einem riesigen gold gerahmten Porträt von Töchterchen Narajana vorbeizudefilieren und ihre Reverenz durch eine Unterschrift, einen frommen Spruch oder, die Analphabeten, durch ein »XXX« zu erweisen, bevor sie sich vor der Jubilarin persönlich verneigen durften.

Eine Band spielte am schimmernden Swimmingpool. Die Tische bogen sich vor Pasteten, Süßkram und Getränken. Dann wurde ein Video gezeigt, das – im besten MTV-Clip-Stil – alle

Vorzüge Narajanas zeigte: Man sah sie als Nixe am Strand, im nassen T-Shirt und im Tanga, auf einer Trekkingtour in den Bergen und abschließend in einem Helikopter beim Flug über den Zuckerhut.

Narajana, kostümiert wie eine Prinzessin in weißen Schwanenschleppen, umringt von jungen »Hofdienerinnen« in blauem Taft, nahm die Huldigungen der bestellten Festredner auf einem Thron aus Gold und Purpursamt entgegen. Sogar ein semiprominentes Gesicht aus einer *telenovela* war gekommen, um dem Teenager seine Aufwartung zu machen – TV-Stars lassen sich gerne für ein Stündchen anmieten, die Honorare sind gut.

Die Redner besangen Narajanas Tugenden – Schönheit, Ehrlichkeit, Strebsamkeit, Gehorsam, eine reine Seele, die ihren Eltern jeden Tag Anlass zu Jubel und Verzückung bietet – in derart ergreifenden Wendungen, dass die Fünfzehnjährige nicht nur das Kaugummikauen einstellte und verdutzt den Kopf neigte, sondern bald der ganze Saal von Schluchzern der Rührung erfüllt war. Kurz: In einer Disney-Märchen-Kitschorgie kann nicht rauschender gefeiert werden, als es an diesem Abend unter der Regie von Aroldo getan wurde.

Ganz offensichtlich gehören Biathlon oder Rodeln nicht zu den Stärken der Brasilianer, aber wenn es olympische Bewerbe für Feste gäbe, wären die Einwohner Rios, die *cariocas*, eindeutiger Favorit auf die Goldmedaille.

Dabei ist nicht die Rede von den unzähligen offiziellen Festen, zu denen politische Jubiläen, der Kirchenkalender oder die afrikanische Götterwelt Anlass bieten – vom Routinetaumel des Karnevals und den improvisierten Grillpartys am Strand ganz zu schweigen. Nein, hier geht es um Betriebsfeiern oder Geburtstage, das graue Einmaleins der Jedermannsfeste.

Eine ganze Industrie lebt davon: Rio de Janeiro ist überzogen mit einem Netz solcher *casas de festa* – die der Mittelstand mietet, um den Freunden zu zeigen, dass man viel Geld verdient.

Die Festhäuser sind so praktisch wie Love-Motels, von denen es ebenfalls Tausende gibt: Man lagert das Vergnügen aus der eigenen Wohnung aus. Im Fall der Love-Motels – Rios Ehebruchquote liegt bei siebzig Prozent – ist das Ziel die größtmögliche Diskretion. Im Fall der *casas de festa* ist der Zweck die größtmögliche Öffentlichkeit, denn hunderte Gäste im eigenen Apartment zu bewirten, wäre selbst bei Bewohnern des noblen Stadtteils Ipanema ein Problem.

Beliebter Feieranlass sind Kindergeburtstage – der Mittelstand vergöttert das Kind, lässt es von Nannies verwöhnen bis in die Pubertät hinein. Entsprechend viele *casas de festa* gibt es, die sich auf Kindergeburtstage spezialisiert haben. Hier also werden die Kinder des Bürgertums von Kellnern empfangen, die ihnen Limonade und Schokokugeln auf Silbertabletts reichen. Neben ihnen steht der Gastgeber, sagen wir der sechsjährige Paulo, und sammelt die Geschenke ein, die er an die lächelnden Eltern weiterreicht, die begeistert sind und sie gleich zu jenem großen Haufen tragen, der stetig und stolz zur Decke wächst.

Die Kids stopfen die herumgereichten Delikatessen mit einer gewissen Hast in sich hinein, denn das Feierprogramm ist dicht gedrängt. Im ersten Stock wartet eine Batterie von Videospielen, die von den Jungen bevorzugt werden. Die Mädchen werden derweil von Hostessen in eine Requisiten- und Schminkkammer geführt, wo sie sich nach Wunsch entweder in Cinderella oder in die gerade aktuellste Hitparadenmaus verwandeln können.

Dann treten die Animateure auf, durchtrainierte Dompteure von unerschütterlich guter Laune, die mit den rund fünfzig Kids – so viele sind meistens dabei – ihren Stimmungskrimskrams veranstalten, während die Eltern an der Bar ihre Gespräche genau dort fortsetzen, wo sie am Vortag abgebrochen werden mussten.

Durch die vielen Bekanntschaften der Kinder, an der Schule, in der Nachbarschaft, haben die Knirpse – und entsprechend auch deren Eltern – oft den Termindruck eines Kanzlerkandidaten zu Wahlkampfzeiten: Fast jeden Tag werden sie zu einer Party gebeten. Zu den Festen kommen die Mütter und stets drei bis vier Väter, die in Trennung leben, und dort, auf dem Geburtstag, eine endlose Auswahl gut aussehender junger Mütter vorfinden, die sich gerade ihrerseits überlegen, ob sie sich nicht trennen sollten von dem Langeweiler, der ihnen die Abende vermiest.

Neigt sich das Fest dem Ende zu, kreischen fünfjährige Mädchen in der Kinderdisco die Songs des Tages, während sich die Jungs auf den Trampolinen oder den Fußballfeldern auf dem Dach der *casa* abturnen. Zum Schluss versammelt man sich um einen langen Tisch, auf dem die Geburtstagstorte steht, singt das brasilianische »Happy Birthday«, das hier *Parabens pra voce* heißt, und jedes der Kinder nimmt ein Geschenk des Gastgeberkinds entgegen.

Dass Kinderfeste in Rio das Friedenspendant zur Atombombe sind, einschüchternde Imponiergebärden, mit denen der Mittelstand demonstriert, dass er es geschafft hat, hat indes keiner so gut begriffen wie Senhor Aroldo, der Bäcker der *favela*.

Sein Fest zeigte den feinen Pinkeln in den Luxusvillen nebenan, was eine Harke ist. Senhor Aroldo, der jeden Morgen um vier Uhr aufsteht, um zwölf Stunden lang zu ackern, hat sich die Fete für seine Tochter rund fünfzehntausend Euro kosten lassen. Er hat seine Lebensersparnisse nicht auf die Bank getragen, nicht in die Privatschule oder ein Auto oder etwas anderes »Vernünftiges« investiert. Er hat das Geld buchstäblich verbrannt, vergluhen lassen in tausend Funken, wie eine der Feuerwerksraketen, die zum Schluss des Festes am Nachthimmel explodiert sind.

Vor seiner Tochter, vor seinen Freunden aus

der *favela,* vor all den Taxifahrern, Hausangestellten, Näherinnen hat er damit bewiesen, dass die Snobs der Umgebung zu übertrumpfen und daher überhaupt nichts Besonderes sind. Und des Weiteren, dass es nichts Kostbareres gibt als ein paar Stunden der Verklärung, das Lachen auf dem Gesicht seines eigenen Kindes und die Bewunderung durch ihre Freunde.

Unverantwortlich? Ganz sicher. Aber: Was für eine Nacht! Die Goldmedaille in der Einzelwertung also für Senhor Araldo, den *Favela-*Bäcker, in dieser ganzjährigen, ewigen Olympiade der Feste Rio de Janeiros.